rororo

rororo

Zu diesem Buch Eine Schiffspassage nach Israel gerät dem Autor zu einer Reise in die Vergangenheit. Geboren in Shanghai, wohin die Eltern auf abenteuerliche Weise aus Nazideutschland geflohen waren, wuchs Peter Finkelgruen – nach dem frühen Tod zunächst des Vaters, dann der Mutter – unter der Obhut seiner Großmutter Anna in Prag und im israelischen Kibbuz auf, bevor er, schon ein junger Mann, widerwillig mit ihr nach Deutschland «zurückkehrte». Stationen eines heimat- und ruhelosen Lebens: Unterwegs als sicherer Ort.
Doch die detektivische Erinnerungsarbeit erschüttert das Bild einer festgefügten Biographie, legt Brüche, Täuschungen und Selbsttäuschungen frei, die sich zu einer scheinbar fremden Geschichte verdichten. Am Ende erkennt der Autor, daß seine Lebensreise als die Geschichte einer bis heute fortwirkenden Täuschung (nach-)erzählt werden muß.
Erst kurz vor ihrem Tod offenbart ihm seine Großmutter, die Auschwitz überlebt hat und deren Lebensgefährte Martin in Theresienstadt von SS-Mann Anton Malloth ermordet wurde, ein Geheimnis, etwas Unfaßbares: Anna hatte neben ihrer Tochter, Peter Finkelgruens Mutter, auch einen Sohn, über dessen Existenz sie jahrzehntelang geschwiegen hatte. Dieser Sohn war Angehöriger der SS und ist am Ende des Krieges auf dem Marktplatz von Kaden im Sudetenland erschossen worden.
Die Antwort auf die Frage nach dem Warum ihres Schweigens legt zugleich offen, worunter ein Großteil der Nachkriegsgeneration zu leiden hatte: Es war die Sprachlosigkeit. Um weiterleben zu können, haben Täter und Opfer geschwiegen, über schuldhafte Verstrickungen ebenso wie über erlittene Qualen, und damit ihren Kindern und Enkeln ein Leben in der Wahrheit erschwert.
Von Shanghai über Prag und Israel nach Deutschland: mit großer Eindringlichkeit erzählt Peter Finkelgruen sein Leben, ein deutsches Leben. Seine autobiographische Reise ist inzwischen unter dem Titel «Unterwegs als sicherer Ort» von Dietrich Schubert verfilmt worden.

Der Autor Peter Finkelgruen wurde 1942 in Shanghai geboren, ging in Prag und Haifa zur Schule und kam 1959 in die Bundesrepublik. Im Rowohlt Taschenbuch Verlag ist weiterhin von ihm erschienen «Haus Deutschland» (rosach 19610).

Peter Finkelgruen

Erlkönigs Reich

Die Geschichte einer Täuschung

Rowohlt Taschenbuch Verlag

Eine der im Buch geschilderten Reisen wurde mit Mitteln der Kulturellen Filmförderung des Landes NRW ermöglicht.

Veröffentlicht im Rowohlt
Taschenbuch Verlag GmbH,
Reinbek bei Hamburg,
September 1999

Umschlaggestaltung Ingrid Albrecht
(Fotos: Aus dem Privatbesitz von Peter Finkelgruen)
Gesamtherstellung Clausen & Bosse, Leck
Printed in Germany
ISBN 3 499 60792 1

Für

Peter-Martin und Anne-Elisabeth

... da ist noch etwas,

was ich Euch zu sagen vergessen habe.

Inhalt

Es war vor zehn und einhalb Jahren in der
gottverlassenen Nazistadt –
Ich flog, wie ein leichtverhangener goldener Ball,
Unsichtbar durch Mordgeheul kopfüber jedem
Spreevasall.
Seitdem betrachte ich mich gern nach höherer
Weltanschauung,
Und nicht wie du mich, überkluger Bürger,
einschätzt …
(Else Lasker-Schüler, *Ichundich*)

Die getäuschten Kinder: Ein Prolog

Mein Sohn, was birgst du so bang dein Gesicht? –
Siehst, Vater, du den Erlkönig nicht?
Den Erlenkönig mit Kron und Schweif? –
Mein Sohn, es ist ein Nebelstreif. –
…
Mein Vater, mein Vater, und hörest du nicht,
Was Erlenkönig mir leise verspricht? –
Sei ruhig, bleibe ruhig, mein Kind;
In dürren Blättern säuselt der Wind. –

Dies ist die Geschichte einer Täuschung. Einer Täuschung, die ihr Ende noch nicht gefunden hat.

Daß meine Großmutter, mit der ich bis in mein Erwachsenenalter von einem Kontinent zum anderen gezogen bin, außer einer Tochter – meiner Mutter – noch einen Sohn hatte, habe ich nicht gewußt.

Erst als erwachsener Mann erfuhr ich von seiner Existenz, erfuhr damit, daß meine Familie nicht nur aus Opfern, sondern auch aus Tätern bestand. Ein Wissen, das ich sofort verdrängen mußte. Daß meine Großmutter mir den jungen Mann, ihren Sohn, der im Mai 1945 auf dem Marktplatz von Kaaden in Böhmen erschossen worden war, unterschlagen hatte, habe ich als Täuschung erlebt. Ich erfuhr, daß Täuschung für den Täuschenden und den Getäuschten zur Selbsttäuschung wird. Und ich frage mich heute, ob die sich in meinem Leben anhäufenden Täuschungen und Selbsttäuschungen mit dem hartnäckigen Schweigen meiner Großmutter ihren Anfang genommen haben oder bereits vorher: Ich besitze die deutsche, die israelische und die tschechische Staatsbürgerschaft, aber keiner der drei Pässe erlaubt mir, im entsprechenden Land ohne beträchtliche Einschränkung zu existieren. Die jedem Bürger in Deutschland zustehende Rechtssicherheit erweist sich für mich als Täuschung, da der justizbekannte Mörder meines Großvaters nicht vor Gericht gestellt wird. In Israel bin ich als Sohn einer christlichen Mutter kein Jude. In Deutschland weist mich mein Name als solcher aus. Was ich nach eigener Definition bin, spielt in beiden Fällen keine Rolle. In der Tschechischen Republik bin ich Angehöriger der deutschen Minderheit und den zum Teil berechtigten Vorbehalten gegen Sudetendeutsche ausgesetzt. Außer drei Pässen besitze ich zwei Taufurkunden. In Shanghai, in dessen Getto ich als Kleinkind lebte, wurde ich, Sohn eines Juden, sowohl katholisch als auch protestantisch getauft. Die Taufurkunden waren als Schutz gedacht, haben aber die in sie gesetzten Hoffnungen nicht erfüllt.

Seit meiner Geburt haben all diese Täuschungen ein Eigenleben entwickelt, dessen Fortsetzung ich unterbrechen will. Die Täuschungen und ihre Wirkungen sollen sich nicht in das Leben meiner Kinder und Enkelkinder hinein verlängern. Ich habe auch sie bereits getäuscht und damit jenen Kreislauf in Gang gehalten, den ich aufbrechen will.

Das Kind, das ich war, wurde getäuscht. Aus der Täuschung erwuchsen dem Heranwachsenden Forderungen und Erwartungen, die von der Quelle der Täuschung ablenken sollten. Der Erwachsene lebte bereits in der zur fragwürdigen Wirklichkeit gewordenen Täuschung. Gelegentlich beschlich ihn die Ahnung einer nicht mehr faßbaren frühen Erinnerung – oder eine Angst, die ihren Ursprung noch vor jeglicher Erinnerung haben mußte. Diese Angst lernte der Mann, lernte ich kennen als Grundlage einer getäuschten, meiner vorgetäuschten Existenz. Gab es mich überhaupt?

Dem Sohn, der den Erlkönig sieht, sagt der Vater: «Es ist ein Nebelstreif.» Dem Sohn, der den Erlkönig hört, sagt der Vater: «In dürren Blättern säuselt der Wind.»

Der Vater täuscht sein Kind. Das Kind ist am Ende tot. Die meisten Kinder meiner Zeit sind getäuscht worden. Sie haben nicht gesehen, was sie gesehen, nicht gehört, was sie gehört haben. Durften sie ahnen, was sie geahnt haben? Wie viele waren am Ende tot? Und was von denen, die leben, ist abgestorben?

Dies ist die Geschichte meiner Täuschung. Aber ich bin nicht allein getäuscht worden.

Eine vage Ahnung, daß mir wichtiges Wissen fehlt und daß es mir gleichzeitig vorenthalten wird, gehört zu den ersten Gefühlen, an die ich mich erinnern kann. Unklar ahnte ich hinter der Freundlichkeit und Fürsorge der Erwachsenen um mich herum unausgesprochene Wahrheiten. Nebel legte sich um das Kind, quälende Dumpfheit kam auf. Aber wonach hätte es fragen sollen, das Kind, und wie? Doch daß eine List im Spiel sei, die alle Fragen des Kindes verhindern sollte, ahnte das Kind, ahnte ich.

Von heute aus gesehen, erscheinen mir die Jahre der Kindheit und Jugend ein einziges Frage-Tabu zu sein. Jede Tabuverletzung konnte mir Unmut und Zorn, Strafe und Ächtung einbringen. Es war kein einfaches Tabu, das ich nicht verletzen durfte. Es war ein riesiges Tabu, und es wuchs mit mir. Es wuchs auch die Angst, es versehentlich zu verletzen. Es wurde immer mehr, worauf ich achten, wovor ich mich schützen mußte.

Als erwachsener Mann von fünfzig Jahren blickte ich erstmals auf die Geschichte meiner Kindheit und Jugend. Da war immer noch Nebel. Ein halbes Jahrhundert mußte vergehen, bis ich meine Kindheit entdeckte. Bis ich entdeckte, daß ich viele Leben leben, einen Kreislauf von Hoffnungen und Wünschen, von Trauer und Wut durchlaufen mußte, bis ich als erwachsener Mann, auf der Suche nach Erinnerungen, zwischen den Lagerhallen des Hafens von Shanghai einen kleinen Jungen sehen konnte, der ein Paket mit Ei- und Milchpulver, Nescafé und Corned Beef, vor allem aber mit Schokolade, bewachte. Und der sich im Gewimmel und der Hetze um ihn herum das Paket stehlen ließ.

Wenn man nicht weiß, wonach man fragen muß, muß man irgendwo beginnen. Meine Eltern waren nicht zu befragen. Mein Vater war gestorben, als ich wenige Monate, meine Mutter, als ich acht Jahre alt war, wovon ich sie die letzten dreieinhalb Jahre kaum gesehen hatte. Ich begann also, über meine Eltern zu schreiben, denn im Schreiben kann man Fragen stellen, die man im Leben nicht mehr stellen kann. Ich behaupte: Auf die eine oder andere Frage findet man sogar eine Antwort. Ich schrieb über die Flucht meiner Eltern aus Nazideutschland bis nach Shanghai. Dabei stieß ich auf einen Mord, der meine geplante Erzählung aus der Bahn warf, und auf den Mörder. Der Mörder ist ein Mann namens Anton Malloth, der unbehelligt von der deutschen Justiz in einem Altersheim in München seine letzten Jahre verbringt. Der Ermordete war mein Großvater Martin Finkelgrün, der der deutschen Justiz keinen Prozeß wert ist. Also habe ich, sein Enkel, ihm, so gut es ging, zu seiner Würde verholfen. Ich habe ihn aus der Anonymität der sechs Millionen herausgeholt und ihn als Individuum erstehen lassen.

Das ist nicht ohne Folgen geblieben. Denn zum einen stelle ich mir immer wieder die Frage, weshalb ich es mir nicht erspare, mit meinen Steuergeldern den angenehmen Lebensabend des Mörders meines Großvaters zu finanzieren. Warum lebe ich noch in diesem Land? Warum nicht in Israel? In New York? Oder in Grönland? Zum anderen muß ich die Geschichte, von der ich durch den Mord an meinem Großvater in eine andere Richtung – nämlich in die eines immer noch bestehenden deutschen Justizskandals – gedrängt wurde, erneut beginnen. Denn einiges ist mir durch die mir aufgezwungene Richtung abhanden gekommen. Zum Beispiel die Suchspur der erwähnten Täuschung.

I. Unterwegs als sicherer Ort

September 1994. Wieder einmal war ich auf dem Weg von Deutschland nach Israel, wieder einmal im Hafen von Piräus. Auf meinen Reisen von Deutschland nach Israel, von Israel nach Deutschland komme ich immer wieder nach Piräus. Trotz sommerlich flirrender Atmosphäre, trotz der vielen hin und her hetzenden Menschen umhüllt mich eine merkwürdige Ruhe. So geht es mir immer in Häfen. Voll Neugier beobachte ich die Passagiere. Manche sind in Eile, fürchten, nicht rechtzeitig an Bord zu kommen. Andere zeigen Vorfreude auf Unbekanntes. So lese ich es in ihren Gesichtern. Sie gehören zu Urlaubern und Abenteurern – Gruppen, Paaren, einzelnen –, zu Geschäftsreisenden, Trampern, Pilgern, sogar Flüchtlingen. Nicht zum ersten Mal bin ich unter ihnen.

Ich bin vier Jahre alt. Auf einem Platz zwischen den Lagerhallen des Shanghaier Hafens sitze ich auf einem Paket. Es ist mit flachen Metallbändern gesichert. Meine Mutter hat mich auf das Paket gesetzt. Ich soll darauf aufpassen, bis sie wiederkommt. In dem Paket sind Lebensmittel. Vor allem ist darin die Schokolade, auf die ich mich schon lange gefreut habe.

Zwischen den hin und her eilenden Menschen, die meisten davon Chinesen, sitzt ein Mann auf einem kleinen Koffer. Auch der Mann bin ich. Der Mann, in seine Gedanken versunken, betrachtet den vierjährigen Jungen. Der Mann weiß, daß der Junge in dieser Stadt geboren, dort aber fremd ist. Er sieht die Mutter des Jungen zurückkommen und entsetzt feststellen, daß das Paket mit der von dem Jungen heiß begehrten und sehnsüchtig erwarteten Schokolade nicht mehr da ist. Der Mann wirkt bedrückt. Er steht auf und blickt nachdenklich auf seinen Koffer. Der birgt keine Schokolade. Neben einigen Gegenständen – einer alten Lederbörse, einer kleinen chinesischen Vase, einem Paar grüner Damenschuhe, ja sogar einem gut verpackten Teeservice aus elfenbeinfarbenem Porzellan mit Goldrand – sind darin Papiere, Dokumente und Fotografien. Bestätigungen von Gelebtem.

In dem Koffer des Mannes sind seine Erinnerungen. Der Inhalt seines Koffers wird nicht gestohlen werden. Mit Hilfe des Koffers hat der Mann den kleinen Jungen gefunden. Er wird ihn auf seinem langen Weg begleiten.

Aber hier ist Piräus, nicht Shanghai. Es ist September 1994, nicht Sommer 1946. In Jerusalem soll das Theaterstück «Schöner Toni» von Joshua Sobol Premiere haben. Es ist ein Stück über die Ermordung von Martin Finkelgrün, meinem Großvater, durch den SS-Mann Anton Malloth. Es ist ein Stück darüber, wie der Staat die Mörder schützt und so die Opfer verhöhnt. Es ist ein Stück über die Geschichte meiner Familie. Mit dem Schiff bin ich unterwegs, um meinen Verwandten zu begegnen. Wir wollen uns alle in Jerusalem versammeln. Es soll ein Familientreffen der besonderen Art werden. Die Lebenden werden die Toten treffen. Die einen sind im Zuschauerraum, die anderen auf der Bühne. Die Ermordeten werden zu den Geretteten sprechen, die Nachgeborenen zu den Verstorbenen.

Ich habe drei Tage und drei Nächte Zeit, um mich auf dieses Treffen vorzubereiten. Mich all dessen zu erinnern, was ich weiß und was nicht auf der Bühne zu sehen und zu hören sein wird.

Mein Vetter Michael wird nicht dabeisein. Er hat kurz vor meiner Abreise aus Deutschland einen Herzinfarkt erlitten. Mein großer, starker Vetter, der Liebling seiner Eltern und seiner Schwestern, der Sabre aus dem Kibbuz, Musterschüler und Meisterschwimmer, kampferprobter und siegerfahrener Offizier der israelischen Armee, hervorragender Wissenschaftler seines Landes. Ein Mann mit festgefügter, wohlverankerter Vorstellung von sich selbst. Fünfzig Jahre alt hat er werden müssen, um den Unsicherheiten und Unwägbarkeiten auch seines Lebens nicht mehr ausweichen zu können.

Auch mein zweiter Vetter, Walter, wird nicht dasein. Er ist nicht Reserveoffizier der israelischen Armee. Vermutlich war er Soldat der deutschen Bundeswehr. Auf einer Fahrt nach Karlsbad bin ich von der Autobahn ab- und einen Umweg gefahren, um mir seinen Wohnort, sein Haus anzuschauen. Der Weg führte mich zu einem kleinen Ort an der früheren Grenze zwischen Ost und West, entlang derer sich viele Vertriebene aus der Tschechoslowakei angesiedelt haben. Um den Dorfkern ist eine größere Ortschaft entstanden, in ihrem Zentrum steht ein Schaukasten der IG Chemie. Es muß Kalibergwerke in der Nähe geben. Ich stand vor dem kleinen hellen Einfamilienhaus mit schmalem Balkon, unter dem sich eine Garage mit abgestelltem Wagen befand, und blickte auf das große Wohnzimmerfenster. Dicke Wolkenstores verhinderten jeden Einblick.

Ich kenne Walter nicht. Habe ihn nie gekannt. Habe nie den Wunsch verspürt, ihn kennenzulernen: Einen, von dessen Existenz ich erst erfuhr, als Großmutter Annas Sohn, sein Vater, schon ein Vierteljahrhundert tot war.

*

Ich träume schon lange nicht mehr. Wenigstens behaupte ich das. Oder es gelingt mir, meine Träume vor mir selbst zu verbergen. Vermutlich, weil die Träume zu unangenehm und belastend sind. Als junger Mensch hatte ich Träume, an die ich mich erinnern kann. Die Kinder, mit denen ich in Shanghai gespielt habe, sind mir später im Traum erschienen. Ich sehe noch heute das Bild, wie ich eines von ihnen am Arm packe und hinter mir herziehe. Es war tot. Gehörte zu den vielen, die gestern lebten, heute tot waren und auf der Straße liegengelassen wurden, weil niemand das Geld für ihre Beerdigung hatte. Aber dieser Traum war die Wiedergabe von Erlebtem, kein Phantasiebild, wie es während des Schlafs als Ausdruck von Wünschen und Ängsten unter den Lidern vorbeizieht.

Wahrscheinlich fürchte ich mich vor meinen Träumen. Ich wehre sie ab. Mit all meiner Kraft. Am Morgen, wenn ich wach werde, fühlt sich mein Körper manchmal schmerzhaft steif an, als hätten sich alle Muskeln verkrampft bei der Anstrengung, die Träume fernzuhalten. Jedenfalls gelingt es meinen Muskeln, mich wie ein Panzer vor meinen Träumen zu beschützen.

Eines Morgens wachte ich mit der beinahe wissenschaftlichen Interpretation eines Traums auf. An den Traum selbst hatte ich, wie fast immer, keine Erinnerung. Ich konnte mich nicht einmal erinnern, überhaupt geträumt zu haben. Aber ich wurde wach und wußte plötzlich, weshalb ich nach Deutschland gekommen war. Ich war gekommen, um mich von meiner Großmutter zu befreien. Von Großmutter, die für mich die gute Mutter sein wollte. Für die ich der gute Sohn sein sollte, an Stelle des Toten, der ihr kein guter Sohn hatte werden können. Der als Waise aufgewachsen war, obwohl er eine Mutter hatte. Der am 10. Mai 1945 auf dem Marktplatz der ehemals Kgl. Stadt Kaaden a. d. Eger erschossen worden und mit dem Rükken zum Hotel *Austria* und dem über 500 Jahre alten Rathausturm im Kugelhagel zusammengebrochen war.

Der Traum, an den ich mich nicht erinnern konnte, hatte eine stärkere Wirkung als jene geträumten Erinnerungen an Shanghai: Denn nun wußte ich, daß ich, um mich von Großmutter zu befreien, um mich endgültig von ihr zu verabschieden, ihrem Lebensweg folgen mußte – nach dem meines in Theresienstadt ermordeten Großvaters Martin nun auch dem von Großmutter Anna. Danach erst würde ich meine Eltern entdecken und erkennen, würde ich mich von allen verabschieden und vielleicht wissen können, wer ich bin. Dabei müßte ich Tatsachen nachgehen und Fragen stellen, die schmerzhafte Antworten bergen könnten. Vielleicht würde ich dann träumen können. Träume, aus denen ich erholt erwachen konnte. Ohne angespannte Muskeln. Ich mußte mich auf den Weg machen, mußte mich verschiedener Orte zu verschiedenen Zeiten erinnern. Ich durfte nicht stehenbleiben.

*

Neben anderen Passagierschiffen im Hafen von Piräus wirkt die *Sea Wave* wie ein museales Relikt aus der Zeit, als noch abenteuerliche kleine Dampfer jene Flüchtlinge an die Küsten des Gelobten Landes brachten, die Europa als nicht bewohnbaren Kontinent erlebt und ihm den Rücken gekehrt hatten. Das schmutzige Weiß der Schiffswand ist mit schwarzen Schlieren bedeckt. Woher die Schlieren kommen, erkenne ich im nächsten Hafen. Barkassen, rundum mit großen alten Reifen versehen, die sie wie prähistorische Tiere mit Schuppenpanzern aussehen lassen, drängen sich mit aller Kraft gegen die offensichtlich nur begrenzt manövrierfähige *Sea Wave*. Sie reiben sich an der weißen Wand und schieben die Fähre mit Zentimeterabstand an einem der luxuriösen Kreuzfahrtschiffe vorbei. Das kleine Deck der *Sea Wave* ist mit gewellten Kunststoffscheiben überdacht. Der Schutz gilt weniger der Sonne als den Rußflocken, die, kaum daß das Schiff sich vom Pier wegbewegt, in dicken Schwaden aus dem Schornstein herauswirbeln und vom Fahrtwind sofort nach unten gedrückt werden. Wehmütig denke ich fünfzehn Jahre zurück, an die ebenfalls kleine *Neptunia*.

Zu jener Zeit, Anfang der achtziger Jahre, konnte man sich, wenn man nach Israel wollte, noch in Ancona einschiffen und bis Haifa an Bord des Schiffes bleiben. Will man diese Reise heute machen, so muß man das Schiff, das in Ancona ablegt, im Hafen von Patras verlassen und mit dem Wagen oder mit öffentlichen Verkehrsmitteln nach Piräus fahren, um sich dort auf ein anderes Schiff zu begeben. Den Kanal von Korinth, eines der sieben Weltwunder, kann man, von Ancona kommend, nicht mehr als großartiges Schauspiel an Bord eines Schiffes erleben, das sich in nur wenigen Zentimetern Abstand zwischen den hochragenden Steilfelsen hindurchbewegt. Der Blick von der schmalen Brücke, über die man auf dem Landweg von Patras nach Piräus kommt, ist kein Ersatz für das Erlebnis der langsamen Schiffsbewegung, wenn man vom Ionischen Meer auf den Kanal von Korinth zufährt. Stundenlang hat man, den Blick auf einen geschlossenen Landstreifen am Horizont gerichtet, das Gefühl, das Schiff bewege sich in gerader Linie auf eine Wand zu. Erst im letzten Augenblick öffnet sich im Felsen eine schmale Spalte, die sich entsprechend der Fortbewegungsgeschwindigkeit des Schiffes verbreitert. Beim Blick über die Reling glaubt man, das Schiff bewege sich über Land. Auf der Kommandobrücke der *Neptunia* hatte der Kapitän wie ein stolzer Moses gestanden, vor dessen Schiff sich das Land teilte. Er warf Zigarettenschachteln, ja ganze Stangen von zollfreien Zigaretten den Soldaten zu, die einzeln oder in kleinen Gruppen entlang des Kanals herumstanden, wie reglose Tiere, die auf Fütterung warteten.

Ich erinnere mich an den Deckbarmann, vermutlich hieß

er Kosta. Ein Grieche, den nicht nur seine Freundlichkeit, sondern auch seine Zahnlücke so unvergeßlich machte. Kosta hatte nicht nur Griechisch gesprochen. Er sprach auch Italienisch, Englisch, selbst einige Brocken Deutsch und Französisch, was es ihm ermöglichte, seine Freundlichkeit auf alle Passagiere zu verteilen. Der Deckbarmann auf der *Sea Wave* hat keine Zahnlücke. Ich bin mir nicht einmal sicher, ob es jedesmal derselbe Mann ist, der sich, immer nur für Augenblicke, in dem Blechverschlag aufhält, der an einem Ende des kleinen Oberdecks aufgebaut ist. Zwei, drei Tüten Kartoffelchips, eine nichtfunktionierende Espressomaschine und einige Rollen Kekse wirken wie der mißratene Versuch, einen Verkaufsstand darzustellen. Der Deckbarmann oder wer immer sich minutenweise hinter den Tresen dieses bankrotten Kiosks stellt, spricht weder Deutsch noch Italienisch, weder Französisch noch Griechisch – auch nicht einzelne Brocken dieser Sprachen. Er und der Rest der Mannschaft haben jene stoischen fernöstlichen Gesichtszüge, wie man sie immer häufiger in europäischen Häfen sehen kann – nicht gleichmütig, eher gleichgültig. Einige englische Begriffe verstehen sie alle, aber wenn sie etwas erwidern, sind sie nicht zu verstehen. Es verlangt besondere Aufmerksamkeit, ihren Lauten und den unbeweglichen Gesichtern eine Auskunft zu entnehmen, etwa die, daß es keine kalte Cola gebe.

Die Offiziere der *Sea Wave* sind Griechen und scheinen sich mit jedem Schiff, das uns auf der Strecke überholt und vor uns am Horizont verschwindet, um uns mit höhnischem Tuten im nächsten Hafen zu erwarten, ein wenig mehr zu schämen. Ihre Blicke weichen den ungestellten Fragen der Passagiere aus, die bereits am ersten Tag darüber zu rätseln beginnen, ob das Schiff die Belastung bis zum Zielhafen aushalten wird.

Ich aber fühle mich sicher. Reisen und Aufenthalte auf Schiffen sind für mich immer eine Zuflucht. Alle Ängste und

Gefahren, die mich an Land bedrängen, werden zurückgelassen, scheinen sogar zu verschwinden. Unterwegs ist ein sicherer Ort.

Auch der kleine Koffer mit Erinnerungen wird wohlbehalten in Haifa an Land kommen. So wie beim ersten Mal – vor über 40 Jahren.

*

Doch diesmal wird die Ankunft anders sein als damals, als ich mit Großmutter von Venedig aus auf große Reise ging. Damals hieß das Schiff *Negba* und verließ den europäischen Kontinent am Abend. Es waren nur wenige Passagiere an Bord. Ich muß recht müde gewesen sein. Die Nacht zuvor hatten wir in einem Hotel in der Nähe des Bahnhofs von Venedig übernachtet. Am Nachmittag vor dem Einschiffen hatte Großmutter mit mir einen Spaziergang durch die Stadt gemacht. In den schmalen Gassen wanderte mein Blick immer wieder an den Häusern hoch, als suchte ich einen Ausweg aus der Enge. Während Großmutters Aufmerksamkeit durch die auf Karren aufgehäuften Bananen und Apfelsinen in Anspruch genommen war, sah ich einen Mann aus einem Fenster klettern. Er hielt sich geschickt mit den Armen fest, während er sich in Richtung des nächsten Fensters bewegte, um dort einzusteigen. Nach einer Weile erschien er wieder am Fenster, um sich wie vorher entlang der Hauswand weiterzubewegen. Ich bemerkte, daß die Seitentaschen seines Jacketts jetzt ausgebeult waren. Ich behielt meine Beobachtung für mich, während Großmutter mit Hilfe von Zeichensprache um den Preis der Bananen feilschte. Ich ahnte, was geschehen könnte, wenn ich meine Beobachtung an Großmutter weitergeben würde.

In Prag hatte sie mich einmal in der Nacht geweckt. Ihre Hand hatte über meinem Mund gelegen, während sie mir leise ins Ohr flüsterte, ich solle ganz still sein, denn in der Praxis des Zahnarztes im Erdgeschoß unter unserer Wohnung seien Einbrecher. Sie bewegte sich vom Bett in Richtung Küche. Ich schlich ganz vorsichtig hinter ihr her. Sie machte kein Licht, aber der Vollmond erhellte die Räume. Ich konnte den Weg erkennen und Großmutters Handlungen verfolgen. Sie stand ein wenig ratlos in der Küche, ich merkte, wie ihr Blick suchend von einer Ecke zur anderen wanderte und am Küchenschrank hängenblieb. Vorsichtig öffnete sie eine Tür und holte einen Gegenstand heraus, mit dem sie zum Balkon ging. Ich sah, wie sie sich über die Brüstung beugte, nach unten zum Fenster der dort befindlichen Zahnarztpraxis blickte und dann ihre Hand mit dem aus dem Küchenschrank geholten Gegenstand ausstreckte. Sie verharrte regungslos. Im hellen Mondschein erkannte ich den Gegenstand in ihrer Hand. Es war das schwere Bügeleisen. Sie hielt es am Griff fest. So, wie sie stand, über die Brüstung gebeugt, hielt sie seine Fallinie für passend, um damit einen der Einbrecher beim Aussteigen aus dem Fenster zu treffen. Mich erfaßte ein Schreck. Ich griff nach dem Ärmel ihres weißen Nachthemdes und zupfte nicht allzu fest, aber unnachgiebig daran. Zuerst wollte sie mich abschütteln, dann ließ sie sich unwillig von mir in die Küche zurückzerren. Ich schüttelte heftig den Kopf und griff nach dem Bügeleisen. Sie hielt es fest, ich spürte das Gewicht des Eisens, und seine Spitze, von Großmutter für die Schädeldecke des Einbrechers gedacht, bohrte sich in meiner Vorstellung in diese hinein.

Schließlich stellte Großmutter das Bügeleisen vorsichtig auf dem Küchentisch ab. Ich empfand Erleichterung. Sie sah mich nachdenklich an, ging zum Balkon zurück, stellte sich wieder an die Brüstung, hob die Hände trichterförmig vor den Mund, holte tief Atem und begann laut zu schreien: *«Pomoc...!»* schrie sie nach Leibeskräften auf tschechisch.

«Hilfe, Diiebe... Einbrecher, Diiieebe, Hiilfe...»

Aus dem Fenster der Zahnarztpraxis sprangen zwei dunkle Gestalten. Mit zwei, drei Schritten waren sie über den Rasen zum Zaun gelangt, den sie schnell überwanden, und rannten dann die Levá ulice hoch. Im Haus gegenüber gingen Lichter an, Fenster flogen auf, Stimmen erklangen. Von Haus zu Haus pflanzte sich dieser Ablauf fort.

«Da! Da! Da rennen Sie.»

«Rufen Sie die Polizei.»

Ob man die Einbrecher gefaßt hat, habe ich nicht erfahren. Nachdem die Aufregung sich gelegt hatte, schlief ich bald wieder ein, zufrieden, daß ich ein Leben gerettet hatte. Keiner der beiden Einbrecher hat je erfahren, wie nahe er daran war, von einem Bügeleisen erschlagen zu werden.

In Venedig war ich überzeugt davon, während Großmutter Bananen kaufte, wieder einen Einbrecher bei seiner Tätigkeit beobachtet zu haben. Ich kann wohl kaum befürchtet haben, daß Großmutter irgendeinen Gegenstand nach ihm schleudern würde, aber vielleicht befürchtete ich, daß sie wieder in ein Gezeter ausbrechen oder, was schlimmer gewesen wäre, vergessen würde, die Bananen zu kaufen, die ich so sehr mochte.

Wieder einmal hatte ich dazu beigetragen, daß ein Einbrecher entkommen konnte.

Am selben Abend haben wir uns auf der *Negba* eingeschifft. Es waren nur wenig Menschen an Bord, und rechtschaffen müde, wie ich war, schlief ich auch bald ein. Nur vage habe ich gemerkt, daß noch in derselben Nacht das beruhigende Schaukeln des Schiffes aufhörte und wir wieder an einem Kai festmachten.

Am nächsten Morgen war das Schiff voller Menschen, die mir fremd erschienen – dunkelhäutig, eine Sprache sprechend, die ich nicht verstand. Meine Versuche, sie in den mir verfügbaren – immerhin waren es bereits vier – Sprachen anzusprechen, schlugen fehl. Unter den Menschen an Bord gab es einige wenige braungebrannte, aber nicht dunkelhäutige Männer, die sich in einer anderen, mir ebenfalls fremden Sprache mit den dunkelhäutigen verständigen konnten. Ein Hin- und Hergerenne, während die Frauen in einer mir bis dahin unbekannten Lautstärke und Stimmlage schrien, versetzte mich in Aufregung. Ich zog mich zurück und beobachtete die anderen. Am folgenden Morgen wirkte bereits alles ruhiger. Die neu an Bord Gekommenen waren jetzt auf dem Oberdeck in Gruppen aufgeteilt; zu jeder Gruppe sprach einer der Braungebrannten. Nach und nach hörte ich, wie einzelne der Gruppen anfingen zu singen, und bald tanzten sie singend in einem Kreis. Ich wußte nicht, daß es israelische Tänze und Lieder waren, die ich da erstmals sah und hörte.

Wenige Tage später kamen wir in Haifa an. Ein Menschen- und Stimmengewirr am Pier und in den davorliegenden Hallen mit gewölbten Dächern aus Blech empfing uns. Wieder einmal mußte ich auf Koffer achten. Diesmal hatte Großmutter mir den Auftrag gegeben und war im Gewirr verschwunden. Ich sah sie in einer der Reihen vor den längs aufgebauten Tischen stehen. Ich sah sie dort mit einem Mann sprechen, der gehetzt in Papierbergen blätterte, nach dem einen oder anderen Blatt griff und dann eine mir bereits bekannte Handbewegung machte. Eine Handbewegung, die für mich das Zeichen war, daß Großmutter sich wieder zu mir umdrehen und kommen würde: Die rechte Faust des Mannes ballte sich, fuhr bis in Schulterhöhe und sauste auf den Tisch herunter. Nachdem er derart irgend etwas betont hatte, reichte er ihr mit der linken Hand ein Papier.

In Prag war Großmutter mit mir zusammen zur örtlichen Behörde gegangen, um dort unsere Pässe mit eingestempelter Ausreisegenehmigung abzuholen. Neben ihrem tschechoslowakischen Paß hatte dort für mich ein Kinderreisepaß bereitgelegen, den ich nach der Unterzeichnung gestempelt über einen Schalter ausgehändigt bekam. Ehe ich meinen Namen in das Dokument schrieb, las ich ganz aufmerksam, was darin stand. In einer Rubrik waren mit Tinte die Länder eingetragen, für die das Reisedokument, mit dem wir nach Israel reisen würden, gültig war. Daraus ergaben sich zwei mögliche Routen. Eine dieser Routen schloß Deutschland ein. Ich erinnere mich, wie ich sofort fragte, ob wir denn durch das *Západní Nemecko*, durch West-Deutschland also, fahren würden, und in meiner Frage war so etwas wie Furcht angeklungen. West-Deutschland, das hatte ich erfahren, war der Quell alles Bösen. Überhaupt war alles, was westlich war, gefährlich, dunkel und drohend.

Wie gefährlich und bedrohlich der Westen war, hatte ich, zusammen mit anderen Mitschülern der ersten Jahrgänge der Grundschule in Prag-Podolí, ganz konkret erfahren. Auf Kartoffelfeldern außerhalb der Stadt hatten wir Kartoffelkäfer gesammelt, die von Flugzeugen aus dem Westen dort abgeworfen worden waren, um den sozialistischen Zweijahresplan zu sabotieren und eine Hungersnot hervorzurufen. In Gruppen eingeteilt hatten wir einen ganzen Tag lang gesammelt und waren erschöpft, aber befriedigt von der Schlacht um die Rettung des Sozialismus zurückgekehrt. An einem der nächsten Tage fand in der Schule eine Art Feier statt. In Einmachgläsern waren auf den Längsseiten der Klassenräume die von uns gesammelten Kartoffelkäfer aufgestellt, und auf den Gläsern befestigte Zettel kündigten vom Eifer und Erfolg der jungen Pioniere aus Prag-Podolí.

Wie eifrig ich als Junger Pionier in Prag gewesen bin, daran erinnert ein Brief, den meine Mutter an ihre Schwägerin Dora, die Schwester meines Vaters Hans, und deren Mann Gerhard am 24. Januar 1949 in den Kibbuz Kfar Hammakabi geschrieben hatte. Darin stand:

Peterle geht zur Schule und hält mir politische Vorträge über Lenin. Zweimal mußte er schon Gedichtchen vortragen, zur Feier des Revolutionstages und zur Verbrüderung, das heißt zur Befreiung der Republik durch die Armeen.

Schließlich hatte ich einen guten Grund gehabt, Vorträge über Lenin zu halten. Er war für mich so etwas wie ein ganz persönlicher Bekannter. Ich hatte eine Erfahrung gemacht, von der die anderen Kinder an der Schule nur träumen konnten. Eine Erfahrung, die mir in der Schule einen gewissen Rang verlieh, mir half, andere Mängel oder Nachteile auszugleichen: Ich hatte Lenin gesehen!

Die *Smolny* brachte meine Mutter und mich von Shanghai nach Wladiwostok. Dort bestiegen wir, auf unserem Weg zu Großmutter Anna in Prag, den Transsibirien-Expreß. Nach tagelanger Fahrt durch eine trübe Schneewüste waren wir in Moskau.

Das Hotelzimmer in Moskau war viereckig und sehr hoch. Ich erinnere mich, daß es kaum möbliert war. In Erinnerung ist mir auch eine nackte elektrische Birne geblieben, die an einer langen Strippe mitten im Raum hing und mich blendete. Dennoch zog sie meinen Blick auf sich, und ich sah eine Aura aus vielen Farben, die sie wie ein Kranz umgab. Sonst sah ich nur das kahle Zimmer mit seinen weißen Wänden. Am Morgen nach unserer Ankunft ging meine Mutter mit mir über das Kopfsteinpflaster des Roten Platzes zum dunklen Eingang eines fensterlosen Gebäudes aus rotem Stein. Es gab kaum Menschen auf dem großen Platz, und auch am Eingang des dunklen Tunnels, der ins Innere des Gebäudes führte, waren kaum Menschen. Der Weg schien lang, und endlich gelangten wir in einen matt erleuchteten Raum, in dessen Mitte auf einem dunklen Aufbau ein gläserner Kasten stand, den meine Mutter betrachtete. Ich stand neben ihr, hielt ihre Hand und bewunderte die statuenhaften Figuren an den vier Ecken des Kastens, die mit steif ausgestrecktem Arm den Lauf eines Gewehrs hielten. Es war auf dem Boden aufgestützt und stand schräg. Die Soldaten blickten starr geradeaus auf einen Punkt in der Unendlichkeit. Es sah aus, als könne ihr Blick mühelos die dikken Wände des Raumes durchdringen. Ich wollte auch einen Blick in den Glaskasten werfen, der von innen beleuchtet schien. Meine Mutter versuchte mich hochzuheben, aber es gelang ihr nicht. Da erwachte eine der aufgestellten Figuren zum Leben. Der bisher reglose Arm lehnte das Gewehr an den dunklen Block, auf dem der Glaskasten stand. Die Figur beugte sich vor, ohne dabei die Beine zu bewegen, ergriff mich mit beiden Händen um die Hüfte und hob mich hoch, so daß ich von oben in den Glaskasten sehen konnte. Darin lag, von einem warmen Licht beleuchtet, ein glatzköpfiger Mann mit einem kleinen Bart und geschlossenen Augen. Es schien, als schliefe er. Deswegen war alles so ruhig und still, damit er ja nicht geweckt würde. Ich hatte noch nie gesehen, daß jemand in einem Glaskasten schlief. Der Mann trug einen Anzug und schien recht sauber zu sein, nicht wie die Chinesen, die mit verschmutzten Jacken oder Hosen in Shanghai auf der Straße schliefen. Die Figur, die mich an meinen Hüften hochgehoben hatte, beugte sich mit mir erneut langsam vor, wiederum, ohne sich vom Fleck zu rühren, und stellte mich neben meiner Mutter ab. Der eine Arm griff nach dem Gewehr, das immer noch gegen den Block gelehnt war, auf dem der Glaskasten mit dem schlafenden Mann stand. Die Figur glitt in ihre ursprüngliche Haltung zurück, die Augen blickten wie vorher reglos in eine unbekannte Weite.

Ich aber hatte den Mann im Glaskasten gesehen. Ich habe Lenin gesehen. Es hat ihn wirklich gegeben.

Als mir auf der örtlichen Behörde in Prag-Braník lächelnd bestätigt wurde, Großmutters und meine Reise würde nicht durch das finstere West-Deutschland führen, war ich beruhigt. Auch Großmutter beruhigte mich. Nein, nein, das sei nur eine Möglichkeit – aber wir würden auf einem ganz anderen Weg zu meiner Tante und meinem Vetter nach Israel fahren.

Auf der Reise dann merkte ich recht bald, daß Großmutter eigentlich nicht nach Israel, sondern woandershin wollte. Daß es sie nach Deutschland zog, wurde mir erst vierzig Jahre später klar. Der Zug hielt in Wien, und ich hörte, wie ein Zugschaffner, nachdem er die Fahrkarten kontrolliert hatte, mit Großmutter deutsch sprach. Ein Deutsch allerdings, wie ich es vorher noch nicht gehört hatte. Jedenfalls nicht von Großmutter.

«Gratuliere, Sie haben's ja geschafft.»

«Ja, ja…»

«Sie können ja jetzt ruhig aussteigen. Brauchen nicht den ganzen langen Umweg auf sich zu nehmen.»

Er blickte auf all die Koffer im Abteil, die nur wenige Stunden zuvor von tschechoslowakischen Grenzbeamten und Zöllnern genauestens kontrolliert worden waren.

«Meinen Sie? Aber wo sind wir denn hier genau?»

«No, in Wien samma. Des is net weit nach Deutschland.»

Ich spürte, wie Großmutter zögerte. Sie stellte ihm noch einige Fragen, die ich nicht hörte oder nicht verstand. Sie schob das Fenster des Abteils herunter, lehnte sich hinaus und blickte aufmerksam nach links und rechts. Der Schaffner schien zu drängeln. Er griff sogar nach einem der Koffer. Großmutter wirkte wankelmütig und unsicher, dachte höchst angespannt nach, blickte immer wieder um sich, als müsse sie eine Entscheidung treffen. Ich spürte, daß sie gern der Aufforderung des Schaffners nachgekommen wäre, und in einem Anflug von Abenteuerlust war ich sofort darauf eingestellt, mit unserem Gepäck auszusteigen. Aber irgend etwas hielt Großmutter ab.

Ein wenig später, der Zug war schon aus Wien abgefahren, fragte ich Großmutter, weshalb wir nicht ausgestiegen seien.

«Du wolltest doch aussteigen, nicht wahr?»

«Ja, schon. Ich habe das überlegt», sagte sie sinnend, um dann hinzuzufügen: *«Da würd ich schon zurechtkommen.»*

«Und warum sind wir nicht einfach ausgestiegen? Der Schaffner hat doch gesagt, wir könnten.»

«Ich wußte nicht, wo wir genau sind in Wien.»

«Wieso, wir waren doch in Wien?»

«Aber ich wußte nicht, in welchem Teil von Wien wir sind.»

«Wieso Teil...?»

«Weil... es soll ja geteilt sein. Da sind Amerikaner und Russen, und ich wußte nicht, in welchem Teil von Wien der Bahnhof war.»

«Aber der Schaffner hat dir doch gesagt, du könntest aussteigen.»

«Der hätte ja ein Kommunist sein können. Und kaum ausgestiegen, wären wir verhaftet worden.»

Großmutters Wunsch, in Wien auszusteigen, muß groß, die Versuchung, es zu riskieren, muß ganz stark gewesen sein. Ich hatte es gespürt. Großmutters Wunsch war stark genug gewesen, um sich auf mich zu übertragen, ihn sofort als meinen zu übernehmen, obwohl ich doch zu meinem Vetter und zu meiner Tante nach Israel wollte, dorthin, wo die Sonne schien und wo mich Freundlichkeit und etwas, wonach ich verlangte, ohne zu wissen, was es war, erwarteten.

Reisen und irgendwo ankommen, wo Umgebung, Menschen und Sprache unbekannt waren, das war eine Erfahrung, die mir bereits vertraut war. Der Gedanke, mit Großmutter in Wien auszusteigen, hatte für mich keineswegs etwas Überraschendes oder gar Beängstigendes. Außerdem wußte ich, daß Großmutter sich auskennen würde. Ihr Gespräch mit dem Fahrkartenkontrolleur hatte vertraulich geklungen. Ihr

Deutsch hatte eine gewisse Ähnlichkeit mit dem Deutsch des Schaffners. Früher, in Prag, fand ich Großmutters Deutsch – das sie übrigens nur zu Hause sprach, damit andere Leute sie nicht deutsch sprechen hörten – ganz anders als das Deutsch, das ich in Shanghai gehört hatte. Großmutters Deutsch klang irgendwie fremd und hart. Doch im Zug auf dem Bahnhof in Wien und nachdem der Kontrolleur kopfschüttelnd weggegangen war, hatte ihr Deutsch plötzlich weicher, ja beinahe sanft und melodiös geklungen. Gleichzeitig schien es unecht. Es hatte etwas Falsches an sich.

Als sei diese Falschheit ein Mittel, einer Täuschung durch andere zu entgehen. In den langen Jahren, in denen ich mit Großmutter zusammengewesen bin, habe ich diese weichen Töne häufig gehört. Ich wußte dann, daß sie sich unsicher fühlte, irgend etwas fürchtete. Daß sie eine unbekannte Gefahr oder Schwierigkeit witterte und bemüht war, ihr ohne Schaden zu entgehen. Manchmal, allerdings sehr selten, weihte mich Großmutter in verschwörerischem Ton in ihr Mißtrauen und ihre Ängste ein. Dann erzählte sie mir, was von irgend jemandem gesagt, vor allem aber, was nicht gesagt worden war und wovor man auf der Hut sein mußte.

In Prag, ich glaube es war im Frühjahr des Jahres 1948, besuchten Großmutter und ich eine Frau, die sie offensichtlich gut kannte. Sie sprachen beide recht vertraut miteinander, während ich durch die kleine Villa streunte und vom ebenerdigen Wohnzimmer aus durch eine Glastür auf die Veranda trat, von der Treppen zu einem Rasen führten. Es war ein warmer Frühlingstag, und ich spielte zwischen den Obstbäumen, kletterte auch auf den einen oder anderen hinauf und rannte zwischendurch immer wieder in das Haus, um zu sehen, ob Großmutter noch da war. Bei einem dieser Kontrollgänge stand die Gastgeberin auf, ging zu einer Kommode, griff in eine hölzerne Schale und holte ein Taschenmesser heraus. Sie drückte es in meine Hand, lächelte mich an und sagte, ich dürfe es behalten. Dann wandte sie sich wieder Großmutter zu, und ich hörte, wie sie sagte:

«*Das hat* ihm *gehört.*»

Sie streichelte mir mit der Hand über den Kopf, und ich lief eiligst wieder hinaus in den Garten, um das geschenkte Taschenmesser an den Bäumen auszuprobieren.

Den weiten Rückweg nach Hause legten Großmutter und ich zu Fuß zurück. Unterwegs fragte ich Großmutter, wer die Frau gewesen sei und wer der Mann, dessen Taschenmesser nun mir gehörte. Die Frau sei eine alte Bekannte und Haushälterin in dieser schönen Villa. Der Name des Mannes, sagte Großmutter, sei Masaryk. Ich war stolz. Den kannte ich. In der Schule hatten wir über ihn gesprochen. Er war der erste Präsident der Tschechoslowakei gewesen. Das sagte ich Großmutter – für den Fall, daß sie es nicht wissen sollte. Nein, korrigierte sie mich, nicht Thomás Garrigue Masaryk, der Begründer der Tschechoslowakischen Republik, sondern Jan Masaryk, sein Sohn. Dieser, so berichtet man, soll Selbstmord verübt haben. Er sei in Bademantel und Pantoffeln aus dem Fenster gesprungen, auf das Kopfsteinpflaster vor dem Haus, und sofort tot gewesen. So hätte man es jedenfalls in den Nachrichten und in den Zeitungen hören und lesen können.

Die Frau, bei der wir eben zu Besuch gewesen waren, sei seine langjährige Haushaltshilfe gewesen, und sie habe die Geschichte vom Ende des Jan Masaryk anders erzählt. Ich merkte, wie aufgeregt Großmutter war. Die Frau sei einige Tage lang von fremden Männern, die bei Jan Masaryk in der Wohnung aufgetaucht waren, unter dem Vorwand, dieser sei krank und brauche Ruhe, von ihm ferngehalten worden. Am Tag vor seinem Tod habe Jan Masaryk seine Haushaltshilfe in sein Zimmer gewinkt. Den Zeigefinger der linken Hand habe er auf seine Lippen gelegt, während er mit dem Zeigefinger der Rechten auf die Decke gezeigt habe. Dann habe er auf seine Pantoffeln gezeigt, die Frau bei der Hand genommen und sie zu seinem Schuhschrank geführt. Er habe ihn geöffnet, und sie sah, daß er leer war. Danach habe er auf seinen Bademantel gezeigt und sie zum Kleiderschrank geführt, den er ebenfalls öffnete. Auch sein Kleiderschrank sei völlig leer gewesen.

Großmutters Aufregung steigerte sich, als sie mir diese Geschichte erzählte. Anschließend schärfte sie mir ein, das Erzählte müsse ein Geheimnis zwischen uns bleiben. Ich hatte nicht wirklich verstanden, was sie mir da erzählt hatte. Ich empfand Stolz, ohne genau zu wissen, ob wegen des Taschenmessers oder der Tatsache, daß sie mir ein Geheimnis anvertraut hatte. Daß es die Geschichte einer Täuschung gewesen ist, habe ich aber begriffen. Das Taschenmesser habe ich leider sehr bald verloren. In Israel habe ich mir den Ersatz gestohlen.

Im Hafen von Haifa habe ich Großmutter nicht Deutsch sprechen hören. Die deutsche Sprache, Annas Muttersprache, war für sie allzu häufig eine Bedrohung gewesen. Anna mußte die Sprache, die ihre Mutter- und Vatersprache war, immer wieder verbergen. Sie, die Siebenbürger Sächsin, als die sie sich im hohen Alter bekannte, erlebte Zeiten und Orte, in denen die deutsche Sprache für sie eine Falle war, bedrohlich, ja lebensgefährlich. Im günstigsten Fall erregte sie Unwillen und Mißtrauen.

Mißtrauen erregte auch die Tatsache, daß Anna zeit ihres Lebens keine andere Sprache so zu sprechen gelernt hatte, daß sie sie als ihre eigene hätte ausgeben können. Unter den Dokumenten, die sie hinterließ, findet sich ein ganz besonders bemerkenswertes. Ein vergilbtes Blatt, eine handschriftliche *Bescheinigung* in tschechischer Sprache, die von sechs Personen unterschrieben ist. Auf vier Zeilen steht, daß die Unterzeichnenden mit ihrer Unterschrift bestätigen,

... daß Frau Anna Bartlová, geboren am 5. September 1891 in Rosenau und wohnhaft in Podolí, Levá ulice Nummer 606, sich in der Zeit der deutschen Okkupation als anständige Tschechin bewiesen und mit den Deutschen nicht kollaboriert habe.

Von den sechs Unterschriften unter diesem Text sind drei von Frauen und drei von Männern. Man kann es erkennen, weil Frauennamen im Tschechischen meistens mit den Buchstaben *ová* enden. So wie Bartl*ová*.

Die Frauen und zwei der Männer, die diese Bestätigung unterschrieben haben, wohnten wie Großmutter in dem Haus Nr. 606 beziehungsweise 607 in Podolí. Die sechste Unterschrift ist die eines Mannes aus einem anderen Bezirk der Stadt Prag. Ein Name, der in keinem der anderen von Anna hinterlassenen Papiere und Dokumente auftaucht. Ich versuche mir vorzustellen, wie und warum Anna sich diese Bescheinigung mit den Unterschriften von Nachbarn und einem Fremden besorgte. Sie hatte noch nicht lange in diesem Haus, in dieser Stadt gewohnt. Erst Ende 1938 oder Anfang 1939 war sie von Karlsbad nach Prag gezogen. Vier Jahre später hat die Gestapo sie dort verhaftet. Weil sie den Mann, dessen Gefährtin sie war, versteckte. Weil der Mann, dessen Gefährtin sie war, Jude war. Ich stelle mir vor, wie sie, um die Gefahr wissend, versucht hatte vorzusorgen, Essen vorkochte oder jemand Vertrauenswürdigen bat, warmes Essen in die Wohnung zu bringen, wenn sie im Geschäft war.

Hatten die Hausbewohner gewußt, daß Martin, ihr Lebensgefährte, Jude war? Wer hatte ihn und Anna der Gestapo verraten? Wer hatte der Gestapo gesagt, dort in Podolí, in der Levá ulice Nr. 606, in der ersten Etage, versteckt sich ein deutscher Jude? Er will sich nicht in das Getto Theresienstadt deportieren lassen. Er versteckt sich bei seiner Geliebten, die ein von ihm finanziertes Geschäft führt. War es einer der Hausbewohner? Vielleicht einer, der Jahre später seine Unterschrift unter die Bestätigung setzte, daß Anna während der Besatzung nicht mit den Deutschen kollaboriert hat?

Wer war es?

*

Ich achtete also auf die Koffer. Ich wußte damals, 1951, nicht, daß der Beamte, der Großmutter unsere ersten israelischen Lebensmittelkarten aushändigte, mir genau wie allen anderen Einwanderern mit seinem Stempel bestätigte, ich bin Jude.

Im Gegensatz zu den anderen Passagieren wirkte Großmutter bei der Ankunft gar nicht froh. Tanz und Gesang schienen ihr schon an Bord der *Negba* sehr fremd zu sein, sie eher zu stören. Jetzt war sie nervös, sogar ärgerlich. Vielleicht, weil uns niemand vom Hafen abholte. Auch ich war enttäuscht. Ich hatte Tante und Onkel erwartet, vor allem aber meinen Vetter Michael. Aus Prag hatte ich ihm bereits geschrieben. Ich freute mich auf ihn. Freute mich, so etwas wie einen halben Bruder zu haben.

Nun waren wir, Großmutter und ich, im Hafen von Haifa, ein Gewimmel von Menschen um uns herum. Alles war sehr laut, Hektik lag über allem, und ich wußte nicht, was als nächstes geschehen würde. Großmutter war so gekleidet, wie ich sie aus Prag kannte. Ihren Mantel trug sie über dem Arm und hielt sich an ihm fest, bis sie von der Tischreihe zurückkam, vor der sie wie alle anderen anstehen mußte, damit jemand die mir schon bekannte Stempelbewegung machen konnte. Sie schaute dauernd suchend um sich, ging auch immer wieder kurz weg, während ich weiter auf die Koffer achtgab, bis Großmutter mit einem großen schwarzen Wagen zurückkam. Der Chauffeur verstaute die Koffer, Großmutter stieg mit mir zusammen in den Wagen, und wir fuhren in der inzwischen sengenden Hitze aus dem Hafen hinaus.

Ich hatte mich beruhigt und sah dem neuen Ziel entgegen. Die Fahrt in den Kibbuz sollte eine Fahrt in ein neues Zuhause sein.

Seit diesem Tag ist mir der Hafen von Haifa vertraut.

Dreißig Jahre später, 1981, an Bord der *Neptunia*, sollte ich an jene Szenen und Laute zurückdenken, die sich mir auf der *Negba* eingeprägt hatten. Auf dem Deck des Schiffes hatten sich verschiedene Gruppen junger Israelis mit Rucksäcken niedergelassen, und ich hörte die Lieder, die ich 1951 zum ersten Mal gehört hatte. Damals waren sie allerdings nicht von einer Gitarre begleitet, sondern von einem Akkordeon. Die jungen Menschen an Bord der *Neptunia* tanzten nicht, und ihr Gesang klang eher bedächtig und leise. Viele von ihnen würden kurz nach der Rückkehr einen langen Militärdienst antreten, vielleicht auch in einen Krieg ziehen. In der Zeit zwischen Schulabschluß und Militärdienst waren sie, einzeln oder zu zweit, nach Europa gereist. Oder sie waren in Amerika oder Indien gewesen – je nachdem, wie weit die finanzielle Unterstützung der Eltern reichte.

Gelegentlich unterbrachen sie den Gesang und berichteten von ihren Erlebnissen. Fragen und Auskünfte wechselten sich ab, gingen über in Diskussionen, was in der Fremde als eindrucksvoller, besser und vorbildlicher wahrgenommen worden war und als wünschenswert für das eigene Land, die eigene Gesellschaft. Ein Höhepunkt dieser Diskussionen war, als einer der Weltreisenden in seinem Bemühen, die anderen vom Guten im eigenen Land zu überzeugen, fragte:

«Habt ihr irgendwo eine Gurke gegessen, die schmeckt wie eine Gurke? Wie zu Hause?»

Ich wußte, von welchem Geschmack die Rede war. Es ist der

Geschmack, der in jungen Jahren seinen Weg über den Gaumen ins Gedächtnis findet und später immer wieder das Gefühl von Zuhausesein heraufbeschwört.

Es war ein greller Frühsommertag, als der schwarze Wagen, mit Großmutter, unseren Koffern und mir beladen, mitten im Kibbuz stehenblieb. Wir stiegen aus, der Fahrer lud die Koffer ab und fuhr weg. Ich fühlte uns ausgesetzt in dieser staubigen Hitze, vollkommen fremd. Es war alles still, als ob der ganze Ort verlassen wäre. Niemand schien uns zu erwarten. Bestellt und nicht abgeholt, so standen wir da. Ich fühlte mich, uns, kaum angekommen in dieser Fremde, bereits wieder verlassen.

Nach einer Weile, die mir wie eine Ewigkeit erschien, kam aus einem langgezogenen Gebäude eine Frau. Bald folgten andere Frauen. Sie schienen zu wissen, wer wir waren und zu wem wir wollten, und führten uns in das Häuschen, in dem Tante Rachel und Onkel Israel wohnten. Wir erfuhren, daß Rachel und Israel, die von Großmutter Anna Dora und Gerhard genannt wurden, nach Haifa zum Hafen gefahren seien, um uns dort abzuholen.

Rachel und Israel kehrten im Laufe des Nachmittags aus Haifa zurück, ganz aufgeregt, weil sie uns in dem Gedränge nicht gefunden oder nicht erkannt hatten. Ich spürte eine Verärgerung, sowohl bei Großmutter als auch bei Rachel. Ich dachte, daß dieses Gefühl etwas mit dem mißlungenen Empfang zu tun hatte, spürte aber, daß noch ein anderer, mir unbekannter Mißmut mitschwang. Das Gefühl, nicht wirklich zu wissen, wo ich war, hatte sich schnell festgesetzt.

Schon wenige Tage später war ich in demselben Kinderhaus, in dem auch mein Vetter Michael und eine Anzahl anderer Jungs wohnten. Obwohl wir alle etwa gleichaltrig waren, konnte ich nicht mit ihnen spielen, wie ich es mir in Prag vorgestellt hatte. Ich ging auch nicht mit ihnen in die Schule, denn ich konnte ja kein Hebräisch. Der Direktor der Schule, der aus Deutschland stammte und Deutsch sprach, gab mir vormittags hebräischen Sprachunterricht, aber um mit meinem Vetter und seinen Freunden zu spielen, schien das nicht zu reichen. Ich hatte den Eindruck, daß die Jungs sich durch meine Anwesenheit gestört fühlten. Nach dem Unterricht bei Gad, so hieß mein Lehrer, wanderte ich allein im Kibbuz herum. Es gab so vieles, was für mich neu, unbekannt und unverständlich war, aber niemanden, der es mir erklärt hätte.

Rachel, meine Tante, arbeitete in einem anderen Kinderhaus, wo die Babys untergebracht waren. Onkel Israel – oder Gerhard, wie Großmutter ihn weiterhin nannte – war vom frühen Morgen an auf den Feldern, und Großmutter, die eine Hütte mit einem Raum für sich allein zugewiesen bekommen hatte, in dem ich nicht schlafen und leben sollte, arbeitete zuerst in der Küche des Kibbuz. Nach ein, zwei Anläufen, sie dort bei der Arbeit zu besuchen, ließ ich es sein. Denn in dieser Küche herrschte eine unangenehme Stimmung. Wenn ich ankam, lastete dort eine gespannte wortlose Stille, als hätte es gerade einen Streit gegeben. Ich spürte, daß das etwas mit Großmutter zu tun hatte, verzog mich und setzte meinen Streifzug durch den Kibbuz fort. Ich versuchte, was ich sah, zu erfassen. Meine Erinnerung an die Karl-May-Bücher, die ich in Prag gelesen hatte, war das einzige, was mir zur Verfügung stand bei meinem Bemühen, die Dinge, die ich sah und wahrnahm, zu verstehen und mich in den neuen Umständen einzurichten.

Langsam gewöhnte ich mich an die Hitze und die Stille, die während der heißen Mittagsstunden im Kibbuz herrschten. Das dunkle Gurren der Tauben war manchmal das einzige, was zu hören war. Nach dem Mittagessen, das die Kinder im Kinderhaus einnahmen, gingen alle zu Bett. In den ersten Tagen schaffte ich es aber trotz der Hitze nicht, auf meinem Bett liegenzubleiben und ein wenig zu schlafen. Die Jungs redeten miteinander in einer Sprache, die ich gerade erst zu lernen begonnen hatte. Viele der Erwachsenen im Kibbuz konnten Deutsch sprechen. Einige sprachen mich gelegentlich auch auf deutsch an. Ihre Kinder aber verstanden überhaupt kein Deutsch. Auch Englisch verstanden sie nicht. Sie kannten keine Sprache, in der sie mit mir hätten reden können. So hörte ich ihrem Wortwechsel dann ein wenig zu, ohne irgend etwas zu verstehen, erhob mich und ging hinaus.

An dem Haus, in dem die Jungs meines Alters in Zimmern mit jeweils vier Betten untergebracht waren, führte ein breiter staubiger Pfad vorbei. Es war ein ganz feiner heller Staub, der in der glühenden Hitze zu einer Art Folter werden konnte, wenn man versuchte, barfuß darüber zu gehen. Der Weg führte zu den Hühnerställen, die ich gleich in den ersten Tagen zusammen mit Israel besucht hatte. Ein Stück weiter entfernt waren die Kuhställe. Jenseits des Staubweges waren zwei lange Wände aus Zement in einem Abstand von mehreren Metern. Zwischen den Wänden lagen dicht gepreßt viereckige Strohballen. Ich stand im Schatten des Kinderheims und hörte aus den zum Gang hin geöffneten Zimmern hinter mir ein Flüstern. Ich verstand es nicht. Es hörte sich wie ein leises und immer wieder scharf ausgestoßenes Zischen an. Gelegentlich klang aus den entfernten Kuhställen das Muhen einer der Kühe herüber, als beklage sie sich über die Hitze – ein tiefer, langgezogener Klagelaut, ergeben und ohne Hoffnung. Die Strohballen, auf die ich blickte, dienten hauptsächlich als Futter für die Kühe, aber auch als eine Art Streu, die den nassen Dreck in den engen Kuhställen aufsaugen sollte.

Hinter mir war es jetzt still geworden, die meisten Jungs waren eingeschlafen. Trotzdem hörte ich weiter ein Zischen. Selber ein wenig müde, blickte ich auf das steinbruchähnliche Ende der zusammengepreßten Strohballen und sah zwei dunkelfarbige Schatten auf dem gelben Stroh in langsam tänzelnder Bewegung. Allmählich merkte ich, daß die Zischlaute nicht von hinten aus den Zimmern kamen, in denen die Jungs schliefen, sondern von vorn. Es waren die zwei tänzelnden dunklen Schatten auf der anderen Seite des Staubpfades, die die Zischlaute von sich gaben. Ich kniff meine Augen zusammen, um die Schatten genauer zu sehen.

Plötzlich war ich im Kino. In Prag hatte ich einen englischen Film gesehen. Ein kleiner indischer Junge, «Jungle Boy» oder so ähnlich, konnte sich im Dschungel mit allerlei wilden Tieren verständigen und dadurch immer wieder vielen Menschen helfen. Beim Anblick dieser Tiere auf der Leinwand war mir, wie wohl auch den anderen Kindern im Kino, ein ängstlicher Schauer über den ganzen Körper gelaufen. Diesen Schauer spürte ich jetzt wieder, als ich langsam begriff, daß ich zwei richtige lebendige Schlangen sah, die nicht aus irgendeinem Korb auf der Leinwand, sondern aus den Strohballen jenseits des Staubweges hervorstießen. Sozusagen aufrecht stehend rieben sie sich aneinander, die Köpfe leicht voneinander entfernt, und gaben ebenjene zischenden Laute von sich, die ich hörte. Ich weiß nicht, wie lange ich die beiden Schlangen beobachtete. Sie schienen sich mit einer unendlich langsamen Zärtlichkeit mit ihren ganzen glänzenden Körpern der Länge nach gegenseitig zu streicheln, und ihre Bewegungen des Sich-Windens wirkten wie der Ausdruck von höchstem Genuß. In manchen Augenblicken berührten sich ihre Köpfe, um dann wieder Abstand zu gewinnen, aber die ganze Zeit berührten sich ihre länglichen Körper an mehreren Stellen gleichzeitig.

Von Angst ebenso wie von einer unglaublichen Neugierde erfaßt, stand ich reglos da und beobachtete das Schauspiel. Kinobilder und Wirklichkeit wechselten sich vor meinen Augen ab. Ich schlich mich vorsichtig in den Raum zurück, in dem ich mit drei anderen Jungs untergebracht war. Alle drei waren eingeschlafen; ich legte mich auf mein Bett, bemüht, meiner

Angst und Aufregung Herr zu werden. Es fiel mir unendlich schwer, die Erinnerung an die Kinobilder und die Wirklichkeit, die sich meinen Augen dargeboten hatte, auseinanderzuhalten. Von den Schlangen in den Strohballen erzählte ich niemandem. Vielleicht würde man mir nicht glauben. Ich war mir ja selbst nicht sicher, wo ich war.

Als ich mit Großmutter nach acht Jahren Israel im Sommer 1959 nach Deutschland kam, beschlichen mich wieder ähnliche Gefühle. Am zweiten Tag nach unserer Ankunft, auf dem Weg von Frankfurt am Main nach Freiburg im Breisgau, schaute ich an einem der Bahnhöfe neugierig und ungeduldig aus dem Zugfenster. Der Zug stand unter einer großen gewölbten Kuppel aus Eisen und Glas. An einem Ende war eine große Uhr, am anderen Ende ein großes Schild. Auf lindgrünem Untergrund waren weiße Buchstaben. Ich stellte fest, daß wir uns in KALODERMA befanden. Ich hatte vorher noch nie von dieser Stadt gehört, was mich verwunderte, denn nach den Ausmaßen des Bahnhofs zu urteilen, mußte es sich um eine größere Stadt handeln. Ich konnte mich auch nicht erinnern, beim ausgiebigen Studium meines Schulatlasses jemals den Namen KALODERMA gesehen, irgendwann etwas über diese Stadt gelesen oder über sie erfahren zu haben. Heidelberg kannte ich. Aber da waren wir ja schon durchgefahren. Auf all diese Namen war ich schon gestoßen, als ich mich bemüht hatte herauszufinden, wo denn in Deutschland Universitäten wären, an denen ich studieren könnte.

Großmutter war mir bei der Suche nicht besonders hilfreich gewesen. Sie kannte nur Heidelberg und Berlin als Universitätsstädte. Auch Würzburg, die Stadt, in der mein Vater studiert hatte, sagte ihr nichts. Überhaupt konnte sie mir, für mich überraschend, wenig über das Land sagen, in das ich mit ihr reiste. Es schien, als überlasse sie mir die Entscheidung, wohin wir gehen würden. Es war das erste Mal, daß ich entscheiden durfte, wohin die Reise gehen sollte. Jedenfalls dachte ich das. Schließlich war ich es gewesen, der mit dem deutschen Staat korrespondiert hatte, um dessen Staatsbürgerschaft, die mein Vater und meine Mutter ja besessen hatten, für mich in Anspruch zu nehmen. Unter Hinweis darauf hatte ich auch die Einreise- und Aufenthaltsgenehmigung für meine Großmutter als meinen Vormund verlangt und erhalten. Sie hatte ein deutsches Visum durch das Amt für öffentliche Ordnung in Freiburg und die Zusicherung einer Aufenthaltsberechtigung *als gesetzlicher Vormund für den Studenten Peter Finkelgrün, ... der als deutscher Staatsangehöriger an der Albert-Ludwigs-Universität Freiburg i. B. studieren will.*

Großmutter, die Siebenbürger Sächsin protestantischen Glaubens, kam nach Deutschland mit einem israelischen Paß.

Als Absender hatte ich bei dieser Korrespondenz die Anschrift meiner Schule in Jaffa angegeben, und während der letzten Monate, in denen ich dort zur Schule ging, schaute ich jeden Tag auf den in der Eingangshalle stehenden Tisch, auf dem die für die Schüler bestimmte Post ausgelegt wurde. Nach und nach hatte ich so die notwendigen Dokumente zusammen, mit denen ich mit Großmutter nach Deutschland fahren konnte. Diesmal war ich derjenige, der Bescheid wußte. Dachte ich.

Und nun stand der Zug in KALODERMA. Wo waren wir? Plötzlich spürte ich ihn wieder, diesen Hauch von Ungewißheit, von Unsicherheit. Meine vermeintliche Sicherheit erwies sich gleich am zweiten Tag als fragwürdig. Ich sagte Großmutter nichts über meine Entdeckung, daß der Zug in KALODERMA angehalten hatte, und wartete auf die nächste Station, deren Namen ich erkennen würde.

Mit jedem folgenden Tag vermehrte sich die Zahl der Schilder, die ich zwar entziffern konnte, aber nicht verstand. Ich lernte abwarten und die unverfänglichste Gelegenheit ergreifen, um zu erfahren, was sie bedeuteten. Den Städte- und den Straßennamen folgten Formulare. Mit den Formularen kamen die Stempel. Jeder Stempel, jedes Formular, jeder Name hatten eine Bedeutung. Die mußte ich in Erfahrung bringen, sie einordnen und damit umgehen lernen. Endlos vermehrten sich die Formulare. Hier Wichtiges von Unwichtigem zu unterscheiden wurde eine Lebenskunst. Wer sie beherrschte, mußte nicht alle seine Sinne andauernd im Zustand höchster Anspannung halten – wie ein Autofahrer, der im dichten Verkehr einer fremden Stadt die Orientierung verloren hat.

II. Spuren der Erinnerung

Wir, Großmutter und ich, wohnten noch nicht lange als Untermieter in der Wohnung von Frau Dr. Louise Diel, die sich uns als Schriftstellerin vorgestellt hatte und bei jeder sich bietenden Gelegenheit betonte, daß sie uns bei der herrschenden Wohnungsnot mit der Untervermietung eines Teils ihrer Wohnung einen großen Gefallen tat, als sie mich eines Tages in ihr Wohnzimmer bat.

Das Wohnzimmer von Frau Dr. Diel war dunkel. Das Licht, das durch die zur Straßenfront liegenden Fenster hereinströmte, fiel auf Möbel, die mich an Großmutters Wohnung in Prag erinnerten: Schränke aus schwerem dunklem Holz. Ein Bücherschrank mit Schranktüren, in die durch wiederum dunkle Holzleisten abgetrennte Vierecke aus Glas eingelassen waren, die jedes Staubkorn von den Büchern fernhielten. Selbst der niedrige runde Tisch, an dem Tee serviert wurde, war dunkel, schwer und einschüchternd, vielleicht auch wegen der gehäkelten Tischdecke, die, wie ein Netz über ihn ausgebreitet, eine Unterlage für weitere Deckchen bildete, auf denen kleine Unterteller für die Teetassen, eine Zuckerdose und ein silbernes Milchkännchen abgestellt waren. Zwei bequeme Sessel standen neben dem kleinen Tisch, und an der Wand gegenüber dem Bücherschrank befand sich eine Chaiselongue. Stühle und Couch waren mit einem ähnlich geblümten Chintzstoff bezogen wie die Bettcouch, die Großmutter in Prag hatte anfertigen lassen, damit Mutter, wenn sie für einige Tage aus dem

Krankenhaus nach Hause entlassen worden war, im Wohnzimmer liegen konnte. Vor dem Fenster hatte Frau Dr. Diel einen Schreibtisch stehen. Damit das allzu grelle Licht von außen ferngehalten werden konnte, waren an einem Brett schwere Vorhänge angebracht. Nur selten sollte ich helles Tageslicht in diesem Raum sehen. Manchmal allerdings war eine Vorhangseite ein wenig zurückgezogen, um gerade soviel Helligkeit hereinzulassen, daß kein elektrisches Licht nötig war.

Es war heller Tag, aber die Vorhänge waren, wie so häufig, zugezogen. Allerdings brannte nicht nur elektrisches Licht, es brannten auch zwei Kerzen in silbernen Leuchtern. Die alte Frau, die als Haushälterin von Frau Dr. Louise Diel auf einem Bett hinter einem Vorhang in der Diele schlief und von ihr in unterschiedlichsten Tonlagen nur Minna genannt wurde, brachte frischen Tee. Auf dem Tisch stand ein Teller mit Gebäck. Frau Dr. Diel schien recht aufgeräumt. Sie war offensichtlich beim Friseur gewesen. Ihr silberweißes Haar war hochgesteckt. An dem geblümten Kleid über ihrem großen Busen glitzerte eine goldene Brosche. An den Fingern trug sie mehr Ringe als sonst. Sie habe einen guten alten Bekannten zu Besuch. Er käme aus Israel, und sie dächte, sie sollte uns bekannt machen.

Der Besuch saß auf der Chaiselongue. Ein älterer Herr in einem eleganten Anzug. Seine Gesichtshaut war gebräunt. Solche Bräune kannte ich aus Israel. Mit gelangweiltem Mißtrauen sah er mich an. Frau Dr. Diel stellte ihn mir als Herrn Bankier Tuchler aus Israel vor, einen alten Bekannten, der jetzt häufiger in Deutschland sei. Wegen der Wiedergutmachung, raunte sie verschwörerisch, als handele es sich um ein unanständiges Geheimnis. Mich stellte sie als angehenden Diplomaten vor, der jetzt sein Studium mit Fleiß begonnen habe und mit ihrem Sohn, den Herr Tuchler ja kenne, befreundet sei. Ich reichte Herrn Tuchler die Hand, sprach auch ein, zwei

Sätze Hebräisch, er aber wechselte sofort wieder ins Deutsche, fragte, ob wir, meine Großmutter und ich, unsere Wiedergutmachungsangelegenheiten schon geregelt hätten. Ich antwortete ausweichend, und er wandte seine Aufmerksamkeit wieder ganz seiner Gastgeberin zu. Ich wußte nicht so recht, was ich sollte, trank rasch die mir angebotene Tasse Tee aus und verabschiedete mich mit Hinweis auf das zu bewältigende Lernpensum und auf meine Großmutter. Sie befand sich in dem untervermieteten Raum, an den eine kleine Kochnische und ein Bad angrenzten. Sie war von Frau Dr. Diel nicht mit dem Bankier Tuchler bekannt gemacht worden. Als ich hereinkam, war Großmutter in ein angeregtes Gespräch mit Minna vertieft.

Frau Dr. Diels Minna, fast immer in einem kleinkarierten Schürzenkleid, verbrachte viel Zeit in angeregten Gesprächen mit Großmutter in dem nun uns vermieteten Raum. Früher habe sie in diesem Raum gewohnt, ehe Frau Dr. Diel beschlossen habe, unterzuvermieten. Ich habe wenig von ihren Gesprächen mitbekommen, gelegentlich aber den einen oder anderen Satz aufgeschnappt. Beinahe immer ging es um die *«gnädige Frau Dr.»*, und selten schien es etwas Freundliches zu sein. Minna war schon viele Jahre Haushälterin der gnädigen Frau und schien es ihr besonders übel zu nehmen, daß sie ihren Sohn in die «Burse» verbannt hatte. Ich wußte nicht recht, was die «Burse» war, erfuhr aber bald, daß es eine internatsähnliche Einrichtung für Studenten sei.

Der Sohn, der im Gegensatz zu mir bereits kurz vor Ende seines Studiums stand, spazierte gelegentlich mit mir durch die Straßen zwischen der Universität und der Wohnung seiner Mutter. Helmut, wie ich ihn nicht nannte, denn ich lernte schnell, daß man sich in Deutschland nicht duzte, sondern an einem distanzierten und distanzierenden Sie festhielt, war gerade dabei, seine Dissertation zu schreiben. Auch sein Berufswunsch stand fest. Wie seine Mutter wollte er das Schreiben zur Profession machen. Er wollte Journalist bei der *Frankfurter Allgemeinen Zeitung* werden.

Ich hatte bei anderen Studenten inzwischen etwas über eine Kontroverse aufgeschnappt, die in und um diese Zeitung stattfand, und fragte, indem ich kundig und wissend tat, ob denn da nicht zu befürchten sei, daß man es mit alten Nazis zu tun bekäme. Er widersprach mir sofort sehr lebhaft und sagte, das wisse er nun genau, und er könne mir sagen, was ich ja nicht wissen könne, daß alles ganz anders sei. Seine Doktorarbeit befasse sich mit der Vorläuferin dieser Zeitung, und er könne mir versichern, daß sie, soweit möglich, sogar Widerstand in der Zeit des Dritten Reiches geleistet habe. Seine Arbeit handele eben von diesem Widerstand, dargestellt im Anzeigenteil dieser Zeitung. Als wir Freiburg verließen, um nach Köln zu ziehen, stand fest, daß die von ihm so sehr gewünschte Anstellung bei der Zeitung, deren Vorläuferin sich durch Widerstand im Anzeigenteil hervorgetan hatte, gesichert war.

Sein helles, leicht gekräuseltes Haar und die rosigen Wangen verliehen ihm etwas Jungenhaftes. Seine etwas pyknische Veranlagung verstärkte den Eindruck von Freundlichkeit. Trotzdem wirkte er manchmal zurückhaltend, ein irgendwie geduckter Mensch, was ich auf sein leichtes Hinken, Folge einer durchlittenen Kinderlähmung, schob. Er erkundigte sich bei mir immer wieder mit großem Interesse nach der politischen Situation in Israel. Ich meinerseits versuchte Fragen über Deutschland zu stellen in der Hoffnung, Tatsachen zu erfahren, die es mir ermöglichen konnten, mich besser zurechtzufinden. Es war Frühjahr 1960, die Zeit, als Adolf Eichmann gefangen und nach Israel gebracht worden war. Ich hatte einen Fernseher gekauft, damit Großmutter die Berichte über den Prozeß sehen konnte. Auch mit Helmut, dem Sohn von Frau Dr. Diel, versuchte ich darüber ins Gespräch zu kommen. Er bemühte sich eifrig, mein wachsendes Mißtrauen Deutschland gegenüber zu besänftigen. Dieses Mißtrauen beruhte damals weniger auf faktischen Kenntnissen, sondern war diffus. Jedenfalls verhinderte es, daß ich mich sorglos und vertrauensvoll in Deutschland zu Hause fühlte. Ansonsten beschäftigte mich der Alltag. Das Bemühen, beispielsweise, mein englisches Abiturzeugnis anerkannt zu bekommen.

Einmal hatte ich Gelegenheit, den Inhalt von Frau Dr. Diels Bücherschrank näher anzuschauen. Ich entdeckte, unter anderen, einige Bücher, die als Autorin Louise Diel vermerkten. Ich griff eins heraus. Auf dem schwarzen Buchrücken war mit goldenen Lettern der Name L. Diel eingeprägt sowie der Titel: *Mussolini, Duce des Faschismus.* Es gab einen Grund, weshalb ich dieses Buch eine Weile festhielt. Wenige Jahre zuvor hatte ich in einem der Antiquariate in Haifa ein Buch über die Erfahrungen von italienischen Antifaschisten gefunden, das mich tief beeindruckt hatte. Dieses Buch hatte vom Leben von Verbannten auf einer kleinen Insel im Mittelmeer berichtet. Es enthielt keine Berichte über entsetzliche Verfolgungen wie jene in den Konzentrationslagern, von denen Großmutter mir erzählt hatte. Ich empfand jedoch eine große Nähe zu diesen Verbannten.

Einer meiner Internats- und Schulkameraden in Jaffa war Sohn eines italienischen Ingenieurs, dem es gelungen war, vor dem italienischen Faschismus fliehend, in Palästina unterzukommen. Der Vater von Daniele war noch vor Ende des Weltkrieges in Palästina gestorben. Danieles Mutter, die aus Guatemala stammte, mußte sich allein durchschlagen, mit gelegentlicher Hilfe katholischer Einrichtungen. Sie schaffte es, ihren beiden Söhnen und ihrer Tochter eine Erziehung zukommen zu lassen, die es ihnen später ermöglichen sollte, ihren Weg zu gehen. Daniele und ich stellten bald Parallelen in unseren

Biographien fest. Wir empfanden uns als Überlebende einer unnachsichtigen Verfolgung, vor der unsere Eltern geflohen waren, die unsere Väter dennoch nicht überlebt hatten. Irgendwie waren wir Teil dieser Geschichte. Unsere Existenz war noch immer abenteuerlich – wie Robinsons Überleben nach dem Schiffbruch. Auf einer Insel waren auch wir gelandet. Krieg und Verfolgung waren vorbei, wir aber waren weiter auf einer Insel. Unsere unausgesprochene Vermutung war, wir lebten weiter in Verbannung und würden ihr nicht mehr entkommen. Das Land, in dem wir uns befanden, war die Insel. Es war umgeben von Feinden, die es vernichten wollten. Auch Schule und Internat bildeten eine Insel. Eine Insel christlicher Mission, der die meisten Juden im Lande aus dem Weg gingen. Eine Insel, auf der Jugendliche wie Daniele und ich ein Stück Ruhe fanden. Eine Insel, auf der wir uns gelegentlich ganz allein befanden. An jenen Wochenenden zum Beispiel, an denen alle anderen Kinder ihre Eltern besuchen konnten. Auch die im gleichen Komplex wohnenden Lehrer oder Pfarrer, froh, daß sie ein Wochenende ohne Lärm und Verantwortung erleben konnten, suchten das Weite. Daniele und ich blieben zurück, zwei für sich selbst verantwortliche Jugendliche.

An einem solchen Samstag, als nach dem Frühstück die letzten aufsichtführenden Lehrer aus dem Komplex abgezogen waren, hatten wir das für uns zurückgelegte Essen schnell bis auf den letzten Krümel verspeist und machten uns daran, die Insel zu erkunden, auf der wir nun ohne Ver- und Gebote allein waren. Nach wenigen Stunden hatten wir wieder Hunger. Wir gingen in die Küche und stellten fest, daß der riesige Kühlschrank mit einem Schlüssel versperrt war, was unseren Hunger ins Unermeßliche steigerte. Wir begannen uns die schmackhaftesten Speisen auszudenken, was unseren Appetit keineswegs stillte. In der Küche fanden wir noch eine Flasche Öl, Zwiebeln und Salz. Jetzt brauchten wir nur noch ein Stück

Fleisch. Aber wozu waren wir die unumschränkten Herrscher der Insel, wenn nicht, um wie Robinson auf erfolgreiche Jagd zu gehen? Unterm Dach gab es Tauben. Wir fanden den Zugang zum Dachboden, krochen durch Staub und Spinnweben im Halbdunkel auf ihm herum, erschreckt vom wilden Flattern der verängstigten Wildtauben, bis wir endlich eine in der Hand hielten. Wir traten den Rückzug an und schleppten unsere Beute in die Internatsküche. Nachdem wir mit Hilfe eines Brotmessers die Taube geschlachtet hatten – wohl nicht ganz fachgerecht, denn wir waren ziemlich aufgeregt, und ich erinnere mich, daß unsere Hände zitterten –, demonstrierte ich Daniele, daß ich gelernt hatte, wie Federvieh gerupft und ausgenommen gehörte, ehe man es zubereiten konnte.

Ich wußte sogar, daß ich nach der Gallenblase suchen mußte, muß diese aber wohl mit meinen vor Aufregung zitternden Fingern zerdrückt haben. Die Taube schmeckte also eher bitter, was auch nicht durch reichlich Öl, Salz und Zwiebeln verbessert wurde. Wir aber sonnten uns in dem Bewußtsein, allein auf einer Insel überlebt zu haben – wie jene von den Faschisten Verbannten, die sich bemüht hatten, ihre Mahlzeiten mit dem anzureichern, was sie auf ihrer Insel vorgefunden hatten.

Und nun, weniger als ein halbes Jahr nachdem ich erstmals in Deutschland angekommen war, hielt ich ein Buch in der Hand, das meine Vermieterin über Mussolini und den Faschismus geschrieben hatte. Das Buch war 1937 erschienen, und was ich da in der Hand hielt, war die sechste verbesserte und ergänzte Auflage aus dem Herbst 1938. Auf einer der ersten Seiten war eine handschriftlich mit Tinte geschriebene Widmung faksimiliert:

«Dem Reichskanzler
Hitler

Mussolini»,

und darunter der Satz:
Eine interessante, bisher noch unveröffentlichte deutsche Schriftprobe des Duce.

Ich blätterte schnell durch. Zwei Seiten weiter war ein Geleitwort von Hermann Göring, in dem er Italien zu seinem gewaltigen Aufschwung beglückwünschte und betonte, daß Deutschland sich mit der antibolschewistischen faschistischen Bewegung und ihrem Duce einig fühle in der Arbeit, *«die unsere beiden Nationen zum Segen Europas leisten».*

Ich blätterte weiter und blieb kurz bei dem dritten Kapitel des Buches mit der Überschrift «Sendung» hängen. Ein Zitat des Duce ist diesem Kapitel vorangestellt: *«Der Imperialismus ist ein ewiges und unveränderliches Gesetz des Lebens.»*

Aber es war wohl eher das Schicksal Deutschlands, das der Autorin am Herzen gelegen hatte, schrieb sie doch:

«[Deutschland] *... hat seine Kolonien, die es durch Verträge zugesprochen bekommen hatte, bestens verwaltet und viel Anerkennung bis 1914 als junges Kolonialland gefunden. Dann entriß man ihm seinen Besitz und teilte ihn auf – mochte das raumenge und rohstoffarme Land sehen, wie es weiterkam!»*

Mussolini, so die von Bewunderung getragene Darstellung von Louise Diel, hatte gezeigt, daß man sich seinen Platz an der Sonne zurückerobern mußte. Ein weiterer Absatz fiel mir auf:

«... Wir handeln, wie wir müssen.
So laß uns das Notwendige mit Würde,
Mit festem Schritte tun. – Was tu' ich Schlimmres,
Als jener Cäsar tat, des Name noch
Bis heut' das Höchste in der Welt benennet?
— — — —
Ich spüre, was in mir von seinem Geist.
Gib mir sein Glück, das andre will ich tragen.»

Ich stellte das Buch wieder zurück und griff nach einem anderen. Ich öffnete es, mein Blick fiel auf einen Stempel:

DR. LOUISE DIEL
Mitglied der Reichsschrifttumskammer

Ich wußte nicht, was die Reichsschrifttumskammer war, genausowenig, wie ich den Dichter erkannte, der jene Zeilen geschrieben hatte, die die Autorin Louise Diel, die so freundlich war, uns als Untermieter in eines der Zimmer ihrer Wohnung aufzunehmen, sehnsüchtig zitiert hatte. Es gab noch vieles, was ich lernen mußte, wenn ich verstehen wollte, wo ich mich befand.

Eines war gewiß: Wir waren in Deutschland. Und zwar in der Bundesrepublik, in West-Deutschland, dort, wohin Großmutter gewollt hatte. Wir hatten gar nicht lange oder gar ausführlich darüber gesprochen. Für mich hätte es eher nahegelegen, nach Amerika oder England zu gehen und dort zu studieren, nachdem ich die letzten Schuljahre in Israel auf einer schottischen Schule und in einem englischen Internat verbracht hatte. Ich hatte ein englisches Abitur abgelegt. England oder Amerika waren mir viel näher als Deutschland.

*

Großmutter hatte schon 1945, nachdem sie aus der Welt, die sich hinter dem Namen Auschwitz verbarg, nach Prag zurückgekehrt war, erwogen, nach Bamberg zu gehen. Jener Stadt, aus der mein Vater Hans Finkelgrün stammte und in der mein Großvater Martin Finkelgrün bei seiner Flucht alles zurückgelassen hatte. Immer wieder hatte ich gespürt, wohin sie wirklich wollte, auch wenn ich das nicht durchschauen konnte. Es war mir nicht nur rätselhaft. Es bereitete mir auch ein dunkles, nicht benennbares Unbehagen. In einem der ersten Briefe, die meine Mutter nach der Befreiung Shanghais an ihre Schwägerin Dora Rachel nach Palästina schrieb, berichtete sie, auf welch abenteuerlichem Weg sie wieder Kontakt zu ihrer Mutter bekommen hatte, die nach über drei Jahren Konzentrationslager ihre Tochter im fernen Shanghai suchen ließ.

«...Höre die letzten Nachrichten! Ein Karlsbader Arzt, welcher hier lebt, uebergab mir vor cr. 8 Wochen einen Brief, datiert vom 15.12.1945 von meiner Mutter aus Prag, worin diese um meine Adresse bittet und mitteilt, daß sie nach 3jaehrigem K.Z. nach Prag zurückgekehrt ist. Die Gestapo hat ihr alles fortgenommen, so daß sie auch meine Adresse nicht mehr hatte. Das war alles. Das war alles. Seitdem habe ich verschiedene Briefe nach Prag geschrieben, aber noch nichts Naeheres gehört. Von Vater kein Wort, und ich glaube auch jetzt, daß er wohl nicht mehr lebt. Hoffentlich wird die zu erwartende Nachricht nicht zu grausig und hart sein. Die Nachricht war ein schwerer Schlag für mich. Ich weiß nicht, wie es meiner Mutter geht, wer sich um sie kuemmert, wie es um ihre Staatsangehörigkeit steht, ob sie Schwierigkeiten hat, denn die Bestimmungen und Gesetze in der CSR, wenn es sich um Deutschsprachige handelt, sind widersinnig. Ich erwarte ungeduldig Post von meiner Mutter und mache meine zukuenftigen Plaene ganz davon abhaengig. Das werdet Ihr sicher verstehen und billigen. Meine Mutter, eine

kluge und auch lebenstuechtige Frau, ist in den vorangehenden Jahren von Vati so verwoehnt worden, daß ich mir ihr Leben gar nicht allein vorstellen kann, und wenn sie mir im KZ lebend erhalten geblieben ist, so moechte ich doch gerne mit ihr und Peterle, dem kleinen Andenken, was uns geblieben, zusammen sein...»

Auf der Rückseite des mit Schreibmaschine geschriebenen Briefes vom 30. April 1946 ist mit Bleistift handschriftlich hinzugefügt:

«Ehe ich dazu kam, den Brief mit der Maschine zu schreiben, ist so ziemlich alles überholt. Inzwischen erhielt ich von Mutter die Gewissheit, daß Vati nicht mehr lebt. Mutter kann nicht in der C.S.R. bleiben, und ich kann auch nicht mehr dorthin zurück. Wir werden uns eine neue Heimat suchen müssen und trägt sich Mutter mit dem Gedanken, nach Bamberg zu gehen.»

Hatte Anna 1959, nach acht Jahren Israel, immer noch die Absicht, nach Bamberg zu gehen? Nie hat sie zu mir darüber gesprochen. Nur am Rande erfuhr ich, daß sie zu dieser Zeit erfolglos versuchte, Ansprüche auf das, was man Großvater Martin in Bamberg weggenommen hatte, zu erheben. In einem Schreiben nach Freiburg an die Anschrift von Frau Dr. Louise Diel vom 27. Januar 1960 teilten ihr die Anwälte aus Berlin lapidar mit:

«In der Akte der Ansprüche nach Herrn Martin Finkelgrün hat das Amt festgestellt, daß Ansprüche wegen Vermögensschadens nicht in Betracht kommen... In jedem Fall werden wir die Bearbeitung einstellen und die Akte weglegen.»

War das Wissen um dieses Schreiben der Grund, weshalb ich Herrn Tuchler auf seine Frage, ob wir unsere Entschädigungsansprüche schon geregelt hätten, eher ausweichend geantwortet habe? Oder wollte ich vor Frau Dr. Louise Diel nicht deutlich sagen, daß Großmutter wohl Ansprüche gestellt hätte, ich selber aber nicht wirklich über die Geschichte meiner Familie Bescheid wußte? Noch nicht einmal darüber, wo ich mich eigentlich befand. Alles mußte ich erst herausfinden. Wer zum Beispiel diese Vermieterin war, die Bücher über Mussolini geschrieben hatte. Wer dieser merkwürdige Bankier Kurt Tuchler war.

Erst zweieinhalb Jahrzehnte später würde ich erfahren, daß jener einsilbige Bankier Tuchler aus Israel 1933 der Berliner Zionistenorganisation angehört hat und dort für die Beziehungen zur NSDAP zuständig gewesen ist. Im Rahmen ihres Werbens um Sympathien für die zionistische Idee wurde der aus Österreich stammende Journalist Baron Leopold Itz von Mildenstein, eines der ersten SS-Mitglieder, zu einer Reise nach Palästina eingeladen.

Bei dieser Reise war das Ehepaar von Mildenstein vom Ehepaar Tuchler begleitet worden. Das alles wußte ich damals nicht. Selbst über meinen Großvater Martin wußte ich kaum etwas, ebensowenig über Anna, meine Großmutter, mit der ich doch durch mehrere Länder gereist war. Als ich die Wahrheit über sie und ihren Sohn erfahre, ist sie bereits tot.

Im September 1994 werde ich Anna in Jerusalem wiedersehen. Und Großvater Martin werde ich sehen. Auf der Bühne, wo seine Geschichte und die Geschichte der Familie in hebräischer Sprache als Theaterstück aufgeführt werden. Ein Schauspieler wird Großvater Martins Text in der Sprache sprechen, die er, wenn er rechtzeitig seiner Tochter Dora Rachel nach Palästina gefolgt wäre, vielleicht gelernt haben würde. Drei von Martins vier Enkelkindern, zwei seiner fünf Urenkelkinder sowie sein Schwiegersohn und dessen zweite Frau, denn Rachel ist längst gestorben, werden im Publikum sitzen und sein Leben und seinen Tod als Theaterstück sehen. Die Geschichte seiner Ermordung, die Geschichte seiner Liebe zu Anna und die Geschichte jener, die auch heute noch seine Ermordung nicht Mord und seine Mörder nicht Mörder nennen.

Hatte Anna 1959 nicht gewußt, daß sie mit mir in ein Land ging, in dem die Mörder von Martin sich in Sicherheit wiegen konnten? Daß jene, die sie und ihn verfolgt, verhaftet, in zwei verschiedene Zellen im Gestapogefängnis gesperrt und unter den Nummern 13631 und 13632 eingetragen hatten, sich in Deutschland des Lebens nach dem REICH erfreuten? Jedesmal, wenn ich dieser Frage nachzugehen versuche, wenn ich mich bemühe, denkbare Antworten zu finden, gerate ich in eine Art Verwirrung – als könne ich nichts wirklich erkennen und verstehen. Ich empfinde eine Art dumpfer Bedrohung, der ich mich entziehen möchte. Aber letzten Endes weiß ich nicht einmal, wohin ich vor ihr fliehen könnte. Dann möchte ich allein sein. An einem anderen Ort. Sicher sein.

Von der Reling der *Sea Wave* blicke ich hinunter in das Wasser, das vom Schiff mit einer Anstrengung durchpflügt wird, die sich körperlich auf mich überträgt, und überlege, ob der Brunnen, aus dem Großmutter und ich in Kfar Samir bei Haifa unser Wasser geholt hatten, tiefer gewesen war als die Entfernung zwischen Reling und Wasseroberfläche.

Als zehnjähriger Junge mußte ich immer wieder den in diesen Brunnen gefallenen Eimer herausholen. Ich erinnere mich des Zögerns vor dem Abstieg und des heftigen Wunsches, ihn zu bewältigen, bevor ich mich an einem Seil, das ich sicherheitshalber am neben dem Brunnen eingelassenen Mast einer Überlandleitung festgebunden hatte, in das dunkle Loch begab. Es gab noch eine andere Möglichkeit, den verlorenen

Eimer aus der Tiefe wiederzuholen. Am Ende eines zweiten Seils wurde ein Haken festgebunden, der meist aus einem abgebrochenen Drahtstück geformt war. Dieses Seil wurde in den Brunnen herabgelassen, bis der Haken auf der Wasseroberfläche ankam. Mit kreisenden Bewegungen des rechten Arms wurde dann nach dem Eimer gefischt. Dabei wurde der Arm über den Brunnenrand gestreckt. Immer wieder bewegte ich das Seil, ließ den Arm ein wenig tiefer herunter, schwenkte ihn kurz links, rechts oder im Kreis und hoffte darauf, daß der Haken sich im Eimer oder am Griff festhakte. Manchmal hatte ich Glück, und es begann ein vorsichtiges langsames Ziehen nach oben. Immer wieder passierte es, daß der Haken abrutschte und der Eimer in eine oft noch ungünstigere Lage als zuvor fiel. Dieses Bemühen dauerte manchmal Stunden.

Der Boden unter dem etwa einen halben Meter tiefen Wasser war aus Stein, und einige Spitzen drangen wie Speere bis über die Wasseroberfläche. Die Beulen und kleinen Löcher im Eimer zeugten von der Schärfe der Felskanten, auf die der Eimer manchmal klatschte, besonders, wenn er mit dem Gewicht des eingefüllten Wassers herunterfiel. Die eigentliche Brunnenumrandung begann erst etwa in Höhe des Wasserspiegels. Sie war kreisförmig, mit einem Durchmesser von gut einem Meter, bis über die Erdoberfläche hochgebaut. Man konnte, wie ich schnell lernte, beim Hochziehen des gefüllten Wassereimers durch Anpressen der unteren Körperhälfte gegen die Brunnenwand die in den Armen noch fehlenden Kräfte ausgleichen. Kratzer und Schürfwunden am Oberbauch und auf der Brust bezeugten oft das Gewicht des gut gefüllten Wassereimers. Die Steine der Umrandungswand waren aus hellen, quadratischen, groben Zementblöcken, die mit zahllosen kleinen Kieselsteinen, Muscheln und zerbrochenen Muschelteilen durchsetzt waren. In der heißen Mittagssonne blendeten die

Muschelsplitter manchmal, und wenn ich mich mit dem Seil ganz langsam, um ja nicht zu stürzen, in den Brunnen hinunterließ, wurden die Kieselsteine und Muscheln zu sich immerfort verändernden Bildern und Formen, die nur ich ganz allein sehen konnte. Denn Großmutter konnte nicht in den Brunnen klettern, um den Eimer zu holen, ohne den weder die Pflanzen begossen noch die Tiere oder wir mit Wasser versorgt werden konnten. Je tiefer ich hinunterstieg, um so mehr wuchs ein Gefühl von Stärke, das mich befriedigte. Ohne mich könnte sie sich nicht waschen, nicht das von ihr gepflanzte Gemüse begießen. Ich war tief beeindruckt von ihrer Kenntnis darüber, wie man Gemüse einpflanzte, wie man Geflügel und andere Kleintiere züchtete. Aber all ihr Wissen, so empfand ich, wäre nutzlos, wenn ich nicht in den Brunnen hinabstiege.

Schon lange bevor ich beschlossen hatte, an dieser Stelle ein kleines Haus für uns beide zu bauen, hatten palästinensische Ziegenhirten dort ihre Herden getränkt. Auch nachdem wir uns dort niedergelassen hatten, kamen sie weiterhin jeden Tag. Die Tiere konnten ihren Durst stillen, und wir erhielten täglich eine Ration Ziegenmilch.

Der Brunnen war nur wenige Meter von dem kleinen viereckigen Haus entfernt, in dem Großmutter und ich wohnten, nachdem sie beschlossen hatte, daß das Leben im Kibbuz nicht das richtige für uns war. Dort neben dem Brunnen erfuhr ich erstmals etwas über Großmutters Jugend, über ihr bisheriges Erwachsenenleben und über mich. Spürte ich damals, daß sie mir nicht alles sagte? Wollte sie sich schützen? Hat sie Rücksicht genommen auf mein jugendlich begrenztes Fassungsvermögen?

Immer noch lasse ich den Eimer in den Brunnen. Der Strick, an dem der Eimer hängt, ist in den fast fünf Jahrzehnten seit damals viel länger geworden. In dem Brunnen ist kein Wasser mehr. An der Stelle, an der unser Häuschen stand, finde ich, als ich im Sommer 1994 dort entlanggehe, nur noch Schutt und andere Vorboten einer neuen Großbaustelle. Unverändert sind nur das Meer auf der einen, der Carmelberg auf der anderen Seite. Der Verlauf der alten zweispurigen Landstraße, damals Hauptverbindungsstraße zwischen Haifa und Tel Aviv, ist noch derselbe. Aber über die Felder des ehemaligen Dorfes Kfar Samir führt jetzt, in schwungvoller Kurve, eine vierspurige Autobahn. Daneben verläuft immer noch die alte Eisenbahnstrecke. Die Entfernungen zu dem, was von damals noch vorhanden und erkennbar ist, sind geringer als in meiner Erinnerung. Ich versuche, meinen Blick auf die Abmessungen meines jugendlichen Auges einzustellen. Bemühe mich, an Hand noch vorhandener Fixpunkte die Stelle auszumessen, an welcher der Brunnen stand. Nach einiger Zeit finde ich ihn, zwischen Schutt und unter Disteln versteckt. Ich bin überrascht, wie ich vergessen konnte, daß neben dem Häuschen zwei Brunnen waren. Jetzt fällt es mir wieder ein. Einer, aus dem wir das Wasser schöpften, das wir zum Überleben brauchten. Er war näher an dem Häuschen. Es war der neben dem Mast mit der Überlandleitung, an dem ich das Seil festband, wenn ich hinunterstieg. Der andere Brunnen war weiter entfernt. Neben ihm war kein Mast, an dem ich ein Seil hätte festbinden können.

Ich entdecke die runden Kreise aus Stein. Die bis zu meiner damaligen Brusthöhe hochgezogene Umrandung der Brunnen ist abgeschlagen. Auch der zweite Brunnen ist mit Schutt und Erde zugeschüttet. Ich stelle mir vor, wie das Häuschen, in dem ich damals mit Großmutter gelebt habe, abgerissen und der Schutt benutzt wurde, die Brunnen zuzuschütten. Das Häuschen war klein, der Schutt hat nicht ausgereicht, also wurde er mit Erde angereichert. Um an das Grundwasser heranzukommen, müßten die Reste unseres Häuschens ausgegraben werden. Man würde dabei vereinzelte Gegenstände finden, die als unbrauchbar oder unnötig hinterlassen worden waren. Wie ein Archäologe könnte ich die Wirklichkeit rekonstruieren, Erinnerungen mit Hilfe handfester Gegenstände oder deren Resten untermauern. Spuren, die woandershin führten. Weit weg von Kfar Samir. Weit weg von Israel. Nach Prag. Nach China. Nach Deutschland. An manches könnte ich mich erinnern, bräuchte aber die Spuren, um der eigenen Erinnerung glauben zu können. Ich müßte sie ausgraben, sammeln, vorsichtig mit ihnen umgehen und sie wie ein Puzzle zusammensetzen. Manchmal müßte ich sie verteidigen. Ich beschließe, an dem Strick, an dem der Eimer hängt, um jeden Preis festzuhalten – entschlossen, ihn mir nicht mehr aus der Hand nehmen zu lassen.

Meinen Gefühlen habe ich in all den Jahrzehnten seit meiner Kindheit keinen Raum gegeben, immer bemüht, nicht gegen unausgesprochene Regeln zu verstoßen, deren vermeintlicher Verbindlichkeit ich mich ausgesetzt fühlte. Ich habe mich angestrengt, Erwartungen und Forderungen, so gut ich konnte, zu erfüllen und zu entsprechen: freundlich zu sein; keine indiskreten Fragen zu stellen; eigene Erwartungen nicht allzu deutlich werden zu lassen und schon gar nicht auf die Idee zu kommen, Forderungen zu stellen; mich einzuordnen, nein, mich einordnen zu lassen; mir den Platz zuweisen zu lassen, an dem ich derjenige zu sein hätte, als der ich von anderen bestimmt wurde, mit einem Wort: nicht aus der Rolle zu fallen. So ließ ich Herrschaft über mich zu, brauchte immer mehr Kraft, um bestehen zu können. Mehr als fünf Jahrzehnte hat es gedauert, bis mir langsam deutlich wurde, daß die Ängste meiner Kinder- und Jugendjahre nicht einfach verschwinden konnten. Sie sind immer noch da und bahnen sich erneut ihren Weg.

Wenn ich als Junge in den Brunnen hinabstieg, floh ich vor dieser Angst und den Anforderungen des angespannten

Augenblicks. Heute steige ich in den Brunnen, um mich zu finden, nicht um mich zu verstecken. Heute bin ich mit einem ganz anderen Seil gewappnet. Ein Seil namens Wissen. Heute weiß ich, wo ich bin. Ich weiß, wo ich gewesen bin.

Damals, als Großmutter und ich im Jahre 1952 nach Kfar Samir zogen und sie, mit Hilfe eines älteren Arabers, dort ein kleines, etwa vier mal fünf Meter großes Haus baute, in unmittelbarer Nähe von den zwei Brunnen, in denen sich stets frisches Wasser befand, wußte ich nicht, daß diese schon fünfzig Jahre zuvor gebohrt worden waren.

Vor mir liegt eine Dissertation aus dem Jahre 1937. Geschrieben wurde sie von einem Mann namens Karl Imberger, geboren am Tag vor Weihnachten des Jahres 1911 im Ort Wilhelma in Palästina. In seiner Doktorarbeit über *Die deutschen landwirtschaftlichen Kolonien in Palästina* entdecke ich die beiden Brunnen. Jenen, in den ich hinabgestiegen, und jenen anderen, in den ich nie hinabgestiegen bin, den wir nie benutzt, aus dem wir kein erfrischendes Wasser geschöpft haben. Aus dieser Dissertation erfahre ich, daß die ersten Häuser an diesem Ort im Jahre 1900 erbaut worden sind. Ich erfahre, daß der Ort damals Neuhardthof hieß und eine deutsche Siedlung war. Die Gründer dieser Siedlung hatten dort diese Brunnen gebohrt. Ich weiß nicht, seit wann der Ort, bestehend aus einem Dutzend kleiner Häuser, Kfar Samir genannt wurde. Wahrscheinlich erst, so denke ich heute, nachdem die deutschen Siedler Palästina verlassen mußten, spätestens als im Unabhängigkeitskrieg 1947/1948 Israel, der Staat der Juden, gegründet wurde.

Die Geschichte der deutschen Siedler in Palästina begann in der Mitte des letzten Jahrhunderts. Eine Gruppe von Württembergern verließ 1868 die Heimat, um im Heiligen Land zu siedeln. Bereits seit 200 Jahren gab es in Württemberg pietistische Bestrebungen, die protestantische Kirche zu verändern. Erwartungen eines nahen Weltendes, Hungersnöte und politische Verwerfungen, wie die gescheiterten Reformbemühungen rund um die Paulskirchenversammlung in Frankfurt, waren Hintergründe für die Auswanderung ins Heilige Land. Waren sie Emigranten? Sicher nicht wie jene, die Deutschland sechzig Jahre später verlassen mußten. Wie meine Eltern, die nach Shanghai gingen.

Die Württemberger ließen sich in Palästina nieder und errichteten dort in erster Linie landwirtschaftliche Siedlungen. Eine Siedlung in der Nähe von Nazareth hieß Bethlehem, eine andere Waldheim. Sarona war der Name einer Siedlung nördlich des heutigen Tel Aviv, Wilhelma der der fünftgrößten Siedlung der Templer, wie diese deutschen Siedler genannt wurden. Die drei größten Siedlungen der Templer waren in Haifa, Jerusalem und Jaffa. Sie alle wurden in den Jahren zwischen 1869 und 1873 gegründet.

Es war die Zeit, als Sir Moses Montefiori, Sheriff der Stadt London und Präsident des Board of Deputies of British Jews, als erster englischer Jude der Neuzeit in den Adelsstand eines Baronet versetzt wurde. Er förderte die Ansiedlung von Juden in Palästina, hauptsächlich armer Juden aus Osteuropa und Rußland. Sie waren Vorläufer jener Pioniere, die später die ersten Kibbuzim gründen sollten.

Mishkenot Shea'ananim in Jerusalem ist eine auch heute noch malerische Ansammlung von ebenerdigen, ziegelgedeckten Häusern, über denen sich eine Windmühle erhebt, direkt gegenüber der Altstadtmauer. Windmühle und Siedlung wurden aus Mitteln erbaut, die Sir Moses Montefiori zur Verfügung gestellt hatte. Im Erdgeschoß der Windmühle steht heute, hinter Glas, eine Kutsche. In dieser Kutsche kam Sir Moses Montefiori auf einer seiner Reisen nach Palästina, um den Fortgang der von ihm geförderten jüdischen Siedlungen zu inspizieren. Unweit von Mishkenot Shea'ananim liegt Emek Refaim, die

Ebene Refaim. 1874 wurde auch dort eine Kolonie der deutschen Templer gegründet. Die von ihnen gebauten Steinhäuser erinnern an die Bauweise im Deutschland jener Zeit.

Ob es die Bauweise der wenigen Häuser in Kfar Samir war, die Großmutters Aufmerksamkeit auf sich zog, als sie auf ihren Ausflügen aus dem Kibbuz Kfar Hammakabi nach einer neuen Bleibe für uns Ausschau hielt? Ich weiß es nicht. Ich wußte damals ebensowenig wie sie von der Geschichte des Ortes. Während der ganzen Jahre, in denen ich in Israel gelebt habe, habe ich nie etwas von Neuhardthof und den anderen Siedlungen erfahren. Neuhardthof war sozusagen ein Patendorf der deutschen Templersiedlung in Haifa. Die Templer aus Haifa hatten etwa neun Kilometer südlich der Stadt von den Arabern aus Tirah Boden gekauft, den sie von ihren Wohnorten aus bestellen wollten. Sie stellten aber bald fest, daß die Araber aus Tirah das Getreide von den Feldern stahlen, und beschlossen daher, die Siedlung Neuhardthof zu errichten.

Doch auch nach der Gründung von Neuhardthof gingen die Diebstähle durch Araber aus Tirah weiter. So stellten die Templer bewaffnete Wachen auf. Beinahe wäre es deswegen zu internationalen Verwicklungen gekommen. Aus einem Hinterhalt erschossen sie einen Araber aus Tirah. Am folgenden Tag wurden in Anwesenheit des deutschen Vizekonsuls und Vertretern der türkischen Behörden Untersuchungen vor Ort durchgeführt. Einer der Siedler, ein Mann namens Fritz Unger, wurde während dieser Untersuchung von Bewohnern des Dorfes Tirah ermordet.

In einer Veröffentlichung der Hebräischen Universität in Jerusalem aus dem Jahre 1970 über die Templersiedlungen der Württemberger in Palästina schrieb Professor Alex Carmel:

Einige Jahre zuvor hatte der deutsche Kaiser Wilhelm II. Schiffe seiner Kriegsflotte an die Küste Palästinas geschickt, um die Bereitschaft zu demonstrieren, deutsche Bürger im Orient zu beschützen. Jetzt erwarteten die Siedler zumindest ähnliches. In Deutschland berichteten die Zeitungen in großer Aufmachung über den Mord, und die württembergische Regierung verlangte von Berlin strengste Maßnahmen. Diesmal aber war man in Berlin eher zurückhaltend. Als die türkischen Justizbehörden die Angelegenheit zunehmend lasch handhabten und aus Deutschland noch immer keine Reaktion kam, mußten die Siedler erkennen, daß ihre Sorgen nicht in das Konzept weltpolitischer Ambitionen des deutschen Kaiserreichs paßten.

Von alldem wußte ich damals an dem Brunnen in Kfar Samir nichts. Das Häuschen, in dem Großmutter und ich lebten, lag nah am Sandstrand. Näher am Wasser lagen der Hof einer arabischen Töpferfamilie an einem Ende des Dorfes und ein kleines graues Haus an seinem anderen Ende. Diese Tatsache erschien mir damals sehr wichtig. Als ginge es dabei nicht nur um die Frage, ob man ein paar Schritte mehr oder weniger bräuchte bis zum Wasser, sondern als markiere das Ufer eine imaginäre Sicherheitslinie, jenseits derer nichts Schlimmes geschehen könne.

In dem kleinen grauen Haus am südlichen Ende von Kfar Samir lebte ein hagerer älterer Mann, den ich gelegentlich im kleinen Lebensmittelladen des Ortes sah und ihn dort einmal Rumänisch, dann wieder Ungarisch sprechen hörte. Auch Großmutter sprach Rumänisch. Ich erinnere mich meiner Überraschung, als ich merkte, daß Großmutter noch eine andere Sprache kannte außer der deutschen. Ich, der ich gerade dabei war, eine neue Sprache, Hebräisch, zu lernen, bemühte mich von da an, von Großmutter möglichst viele rumänische Wörter zu lernen. Ich wollte wissen, was sie mit anderen Leuten im Dorf sprach. Eines Morgens wachte ich auf und hörte von draußen laute Stimmen und Schreie. Ich erkannte Großmutters

Stimme, sprang auf und rannte vor das Haus. Etwa auf der Mitte des Weges zwischen unserem und dem Haus jenes Rumänisch sprechenden Mannes sah ich Großmutter auf dem Boden liegen. Der Mann stützte sich mit einem Knie auf und schlug mit weit ausholenden Armbewegungen auf ihren Kopf und Rükken ein. Dabei schrie er mir unverständliche Sätze auf rumänisch. Großmutter versuchte sich zu erheben und wegzulaufen, aber der Mann stieß sie immer wieder zurück und suchte zwischen den Schlägen nach einem Stein. Großmutter stieß Schmerzensschreie aus, rief nach mir. Auch ich begann zu schreien und rannte auf die beiden los. Der Mann blickte auf und schaute in meine Richtung. Ein Ruck ging durch seinen Körper, als erwache er aus tiefem Schlaf. Er ließ von Großmutter ab, erhob sich, sein gebeugter Rücken wurde gerade, ganz langsam wandte er sich ab und ging zu seinem Häuschen, während Großmutter vom Boden aufstand und sich zu unserem schleppte. Mein Herz schlug bis zum Hals, während ich Großmutter die wenigen Schritte bis in unser Zimmer stützte. Sie atmete heftig, schien aber mit den Gedanken ganz woanders zu sein. Zuerst reagierte sie gar nicht auf meine Fragen, was denn los gewesen sei, weshalb der Mann auf sie eingeschlagen habe. Auch nachdem sich ihr Atem ein wenig beruhigt hatte, erklärte sie mir wenig. Nur soviel habe ich von ihr erfahren: der Mann habe sie geschlagen, weil er gemerkt hatte, daß sie deutsch mit mir sprach. Er sei auch im Lager gewesen. Verstanden habe ich damals nicht, was sie gesagt hat.

Samir ist ein arabischer Vorname, dessen Bedeutung etwas mit Fröhlichkeit zu tun hat. Die ganzen Jahre habe ich geglaubt, wir hätten auf dem Boden eines früheren palästinensischen Dorfes gebaut und gelebt. Den Namen Kfar Samir erhielt es aber wohl nach dem Unabhängigkeitskrieg, von einer arabischen Familie, die sich damals dort ansiedelte. Es war eine palästinensisch-arabische Familie, die eine Töpferei betrieb.

Mit dem ältesten Sohn des arabischen Töpfers ging ich ein Jahr lang in eine Schule, die in Haifa von französischen Patres betrieben wurde. Manchmal, wenn wir schulfreie Tage hatten, wurden die Kinder der Familie Attalah angestellt, um mit nackten Füßen den feuchten Lehm zu treten, aus dem Wasserbehälter, Spardosen und Blumentöpfe geformt wurden. Ich durfte dabei mitmachen. Mit Freude sprangen wir alle in den großen Behälter, in dem der Lehm angerührt wurde. Unsere Füße glitten in die feuchte glitschige Masse, sie wurden immer schwerer, je fester der Lehm wurde, wir aber zogen unsere Kreise weiter. Mit jedem Schritt schmierte sich der Lehm an unseren Waden hoch in die Kniekehlen. Der feuchte Lehm kitzelte die Poren der Haut und schob sich, wie etwas eigenständig Lebendiges, immer höher bis an die Innenseite unserer Schenkel. Wo sich nur eine dünne Schicht des Lehms gebildet hatte, entstand unter Sonneneinwirkung eine rasch härter werdende Kruste. Das Gefühl des Kitzels veränderte sich, und wenn der Vater von Rajah und Boulous das Zeichen gab, nun sei es genug, hatten wir die Wahl, rasch ins Meer zu laufen, um die Schmiere im salzigen Wasser abzuwaschen, oder sie, wenn sie von der Sonne an unserer Haut festgepappt war, stückchenweise abzuschälen.

Boulous war, nachdem ich ja mit meinem Vetter Michael nicht mehr zur Schule ging, mein neuer Klassenkamerad. Inzwischen ist er Besitzer *des* Strandrestaurants von Kfar Samir. Die Töpferei existiert nicht mehr, obwohl ein aufmerksamer Blick Spuren entdecken kann. Das Anwesen der Familie Attalah ist das einzige, das heute vom Dorf Kfar Samir, wie ich es kannte, übriggeblieben ist. Der Ort wird jetzt Zamirstrand genannt, auf hebräisch: Strand des Sängers. Wieviel ein einziger Buchstabe ausmacht. Dort ist ein sogenanntes Naherholungsgebiet. Ein gepflegter Strand, Lokale, eine Promenade und ein neues Hotel, das der Gegend das Aussehen eines adriatischen Urlaubsortes gibt. So werden Spuren verwischt.

Die Templer sind lange nicht mehr in Neuhardthof. Ein Abgeordneter der Knesset, des Parlamentes in Jerusalem, erzählte mir einmal folgende Begebenheit aus dem Unabhängigkeitskrieg: Damals hatten er und seine militärische Einheit eine der Templersiedlungen überrannt. Die deutschen Siedler waren geflohen, aber in dem Büro des Ortes fand man eine Kartei und andere Papiere, aus denen sich ergab, daß die NSDAP-AO, die Auslandsorganisation der NSDAP, dort noch im Jahre 1947 existierte. Nachdem das in der Bibel vorhergesagte Ende der Welt nicht, wie von den Templern erwartet, eingetreten war, müssen etliche von ihnen beschlossen haben, auf ein anderes Ende hinzuarbeiten.

In Kfar Samir, dem ehemaligen Neuhardthof, einer Ansammlung von wenigen kleinen Häusern, deren Bewohner sich auf unterschiedlichste Art und Weise bemühten, die Not der frühen fünfziger Jahre zu überstehen, hörte ich erstmals, seit ich mit Großmutter Anna aus Prag weggegangen war, in einem Radio bewußt klassische Musik. Der Ort war während all der Jahre, in denen ich mit Großmutter dort lebte, nicht an das elektrische Netz angeschlossen. Ein Junge, der älter war als ich und in einem der Häuser des Dorfes lebte, hatte sich aber ein Radio gebastelt, das er mit einer Autobatterie betrieb. Es war ein kleiner Holzkasten, an dem ein Paar Kopfhörer angebracht war, und er erlaubte mir, an einem der beiden ein wenig mitzuhören. Unsere Köpfe seitlich aneinandergelehnt hielt jeder von uns einen Kopfhörer an das rechte beziehungsweise linke Ohr gepreßt. Mit der freien Hand bewegte der Junge einen Drehknopf an dem kleinen, konisch geformten Kasten. Dabei drangen unverständliche Sprachfetzen an mein Ohr. Plötzlich hörte ich Musik. Eine Musik, die ich erkannte. Eine Musik, die eine Erinnerung an einen noch nicht so lange zurückliegenden Besuch im Prager Nationaltheater auslöste. Mit meinen Augen versuchte ich den Blick des neben mir sitzenden Jungen einzufangen, wollte ihn bitten, den Sender bloß nicht zu verstellen. Da merkte ich, daß er auch innehielt, das Drehen am Knopf unterbrach und so wie ich aufmerksam der Musik lauschte. Ob auch er sich an etwas erinnerte? Er begann die Melodie mitzusummen. Ich sah mich aus dem Prager Nationaltheater hinausgehen, hin zu dem dort vorbeifließenden Strom. Unzählige Male war ich dort gegangen, von Podolí zur Innenstadt. In diesem Strom hatte ich in einem Sommer schwimmen gelernt, auf ihm war ich, als er zugefroren war, Schlittschuh gelaufen. Der neben mir sitzende Junge begann lautlos Wörter zu formen und zur Melodie zu singen. Er sang von Zion, einen Text, aus dem Hoffnung und Zuversicht sprachen, es war die israelische Nationalhymne. Ich aber hörte eine Melodie, die bei mir andere Erinnerungen und Gefühle wachrief.

Mit der Melodie, zuerst langsam und einschmeichelnd, dann wehmütig, sich immer weiter steigernd, bis sie sich in einem ruhigen befreiten Gefühl auflöste, drangen Erinnerungen in mein Bewußtsein.

Ich hörte *Die Moldau* aus dem Zyklus *Meine Heimat* von Bedřich Smetana. Ich dachte an Prag.

*

Bereits während des ersten Sommers, den wir in Israel erlebten, fuhr Großmutter vom Kibbuz aus öfter in die Stadt. Nach Haifa. Viermal täglich verkehrte ein Linienbus der Nummer 66 zwischen Haifa und Ramat Yohanan. Ramat Yohanan war, wie Usha, ein Nachbarkibbutz von Kfar Hammakabi. Alle drei Kibbuzim waren in den dreißiger Jahren kurz hintereinander gegründet worden, Ramat Yohanan als erster. Diese Tatsache verlieh den Mitgliedern dieses Kibbuz einen besonderen Status. Auch alle Gründungsmitglieder von Kibbuzim hatten einen besonderen Status. Sie konnten erzählen, wie es früher war. Wie sie ihren jeweiligen Kibbuz gegründet hatten. Wie sie die Angriffe der Araber fürchten mußten. Wie sie trotz aller Gefahren und unter vielen Entbehrungen ihre Felder bestellt und alles so schön hergerichtet hatten, so wie wir es, die später kamen, vorfanden. Auch die Kinder der Gründungsmitglieder galten als etwas besonderes. Sie waren kräftig und gescheit. Sie hatten alle eine tiefgebräunte Haut, die bei Erwachsenen wie gegerbt wirkte, wie Tante Rachel und Onkel Israel. Menschen, die keine Kibbuzim gegründet hatten oder nicht im Land geboren waren, hatten eine andere Haut. Wie Großmutter und ich.

Großmutter fuhr allein mit dem Bus vom Kibbuz in die Stadt. Sie fuhr morgens los und kam am Nachmittag, kurz vor der Dämmerung, zurück. Ich ging unterdessen am Vormittag zum Hebräischunterricht zu Gad. Zum Mittagessen ging ich entweder ins Kinderhaus oder, wenn Israel ein wenig früher von seiner Arbeit in den Feldern zurückkam, mit ihm in den großen Speisesaal, wo die Erwachsenen sich zum Essen trafen. Ansonsten war ich auf mich allein gestellt und versuchte die Zeit totzuschlagen. Bald kannte ich auch den Fußweg zu den Feldern und Apfelplantagen, in denen Israel seit den frühesten Morgenstunden arbeitete. Ich ging gerne in die Apfelplantagen. Nicht nur, weil ich mit Israel deutsch sprechen konnte, ohne daß er, wie die meisten anderen es taten, komisch dreinschaute. Zu seiner Arbeit gehörte es, gepflückte Äpfel in Kisten einzusammeln. Die Kisten wurden neben jeden zweiten oder dritten Baum gestellt und dann auf einen Karren geladen, der von einem Maultier gezogen wurde. Das Maultier hieß *Muli*, und Israel erklärte mir, das sei eine Kreuzung von Pferd und Esel. Ich wußte nicht, was eine Kreuzung ist, und mein Onkel Israel erklärte mir, das bedeute, daß sein Vater ein Pferd und seine Mutter eine Eselin sei – oder umgekehrt. Die Maulesel hätten die guten Eigenschaften ihrer beiden unterschiedlichen Eltern und seien deshalb für die Arbeit sehr geeignet. Sie hätten viel Kraft, seien sehr geduldig und gutmütig. Vielleicht war das der Grund, weshalb er mir manchmal erlaubte, mich auf den Wagen zu setzen und die Zügel selber in die Hand zu nehmen. Ich mußte nur *«Hoohaa»* ausrufen, und *Muli* setzte sich langsam in Bewegung. Nach einigen Schritten, wenn die Ladefläche des Karrens die nächsten aufzuladenden Kisten erreicht hatte, rief ich *«Brrrr»* und zog am Zügel, worauf *Muli* stehenblieb. Ganz aufgeregt achtete ich in diesen Momenten darauf, daß mein Onkel seine Hand nicht in die Nähe von Mulis Kopf bewegte, um den Zaum festzuhalten. Ganz allein wollte ich die Zügel dieses Wundertieres, das zwei so verschiedene Eltern hatte, festhalten. Wenn ich, so beschäftigt, einige Stunden mit meinem Onkel in den Apfelplantagen verbracht hatte, war eine Dusche fällig.

Ein Badezimmer, wie ich es aus Prag kannte, gab es im Kibbuz nicht. Es gab nur Gemeinschaftsduschen. Jedes Kinderhaus hatte eine. Ich aber habe selten im Kinderhaus geduscht. Ich ging mit Onkel Israel in die Erwachsenendusche. Männer und Frauen hatten jeweils eine Hälfte der Gemeinschaftsdusche, die durch eine Mauer abgetrennt war. Gelegentlich hörte man die Stimmen der Frauen auf der anderen Seite. Einzelne Männer riefen manchmal laute, für die Frauen bestimmte Bemerkungen, worauf die anderen Männer grinsten und auf Antwort warteten. Manchmal aber senkten die Männer ihre Stimmen, flüsterten beinahe, wohl, weil sie etwas sagten, das die Frauen im benachbarten Raum nicht hören sollten. Zu bestimmten Stunden gab es in den Gemeinschaftswaschräumen auch warmes Wasser. Dann kamen die Kibbuzniks aus allen Ecken und Richtungen zum Duschen. Dazu mußte ein Ofen angezündet werden, der außerhalb, in einer Art Anbau, untergebracht war. Dort roch es immer nach Petroleum, und der sandige Boden neben der Tonne, aus der das Petroleum kam, war hart und schwarz.

Wenn ich mit Israel am Freitagnachmittag in die Gemeinschaftsdusche ging, hatten alle einen Beutel bei sich. Ihr Name oder Spitzname war in hebräischen Buchstaben, die ich ja nun langsam bei Gad lernte, in diesen Beutel eingenäht oder mit spezieller Tinte draufgeschrieben. Vor der Dusche passierten alle die benachbarte Kleiderkammer. Dort stand eine meist ältere Frau hinter einem Pult und händigte jedem einen Stoß frisch gewaschener und gefalteter Kleidung aus, den sie einem der Fächer hinter sich entnahm. Nachdem man sich im länglichen Duschraum ausgezogen hatte, stopfte man seine schmutzige Wäsche in den mitgebrachten Beutel. Nach der Dusche wurde dieser Beutel in ein Loch an der Längsseite der Kleiderkammer geworfen.

Das Duschen war eine merkwürdige Erfahrung: all die erwachsenen Männer, die, nachdem sie ihre mitgebrachte frische Kleidung sorgfältig auf einer langen Holzbank an der Längswand hingelegt hatten, sich nackt auszogen, wobei sie mit- und durcheinander redeten. Gelegentlich rief einer jemandem am anderen Ende des Duschraums etwas zu. Der Betreffende, den Kopf voller Schaum, rieb sich das Wasser aus den Ohren und rief zurück. Andere, schon geduscht, führten ihre Gespräche fort, während sie sich an der Bank anzogen. Alles schien mir sehr laut und chaotisch zu sein, an Freitagen sogar gedrängt. Da die erwachsenen Männer viel größer waren als ich, kam es mir vor, als würde ich unter ihnen verschwinden, würde von Menschen zugedeckt. Ich beobachtete die Männer um mich herum und die, die noch unter den Duschen waren. Überrascht stellte ich fest, daß sie nicht am ganzen Körper diese braungegerbte Haut hatten, wie ich sie in ihren Gesichtern, an Nacken, Schultern und Armen sehen konnte. Die übrige Haut war blaß und hell wie meine, nur daß ihre faltig war und ihre Körper von diesen Falten wie von Kerben zerfurcht wirkten. Manche Körper waren stark behaart. Die Haare verdeckten die Falten, ließen sie weniger deutlich werden. Die Blässe der entblößten Körper wirkte bei ihnen wie Tünche. Meine Blässe übertünchte nichts. Ich war nackter als die anderen Nackten, wenn ich mich auszog.

Ich zog mich sehr langsam aus, die kalten Fliesen unter meinen Füßen spürte ich wie ein Nagelbrett. Ich versuchte, mich unauffällig mit dem Gesicht zur Wand zu drehen und tat, als würde ich zu den schmalen Längsfenstern am oberen Ende der Wand schauen. Hinter mir hörte ich, in der mir immer noch unverständlichen Sprache, alle durcheinanderreden. Auch Onkel Israel sprach mit dem einen oder anderen, wobei ich zwischendurch von ihm oder einem der Männer, mit denen er sprach, ein deutsches Wort oder sogar einen Satz hörte. Das klang dann ungefähr so:

«*Ze haa … ha …* Neffe *scheli. Achschav ani mamasch* Onkel.»

Ein freundlicher Stolz schwang dabei in seiner Stimme, und ich merkte, wie sich der Kopf des jeweiligen Angesprochenen senkte und ich von oben herab in Augenschein genommen wurde.

Als ich dann mit Israel unter der Dusche stand, wobei wir uns den Platz unter einem der festmontierten Duschköpfe aus Blech teilten und uns nacheinander einseiften und den Schaum aus den Haaren und vom Körper spülten, merkte ich, wie es um uns herum stiller wurde. Die Köpfe wandten sich uns zu, zahllose Augenpaare saugten sich an meinem Körper fest. Ich hörte leise Bemerkungen, die sich offensichtlich auf mich bezogen, ohne daß ich verstand, was da gesagt wurde. Eine unfreundliche Stimmung breitete sich aus, und ich begann zu frösteln. Mein Onkel richtete eine Bemerkung an die anderen, die ich nicht verstand und in der kein deutsches Wort vorkam. Er beeilte sich, den Rest des Seifenschaums abzuspülen. Ich solle schon anfangen, mich abzutrocknen und anzuziehen, sagte er.

Er sagte es mit leiserer Stimme als sonst, als wolle er nicht, daß ihn die anderen hörten. Das schöne Gefühl vom Mittag, als ich die Zügel des Maultiers *Muli* hatte halten dürfen, war verflogen.

Nach dem Duschen gab es bei angenehm lauem Wetter auf dem Rasen vor Rachels und Israels Häuschen so etwas wie ein Familientreffen. Der Begriff Häuschen ist vielleicht nicht ganz zutreffend. Rachel und Israel lebten nicht allein in diesem kleinen Haus. Es war ein mit roten Dachziegeln gedeckter länglicher Bau aus Stein, der vier Eingänge hatte. Vor jedem Eingang befand sich eine kleine quadratische Veranda, die mit einer dünnen Wand von der benachbarten abgetrennt war. Pflanzen rankten sich an diesen Wänden hoch und betonten die Abtrennung. Hinter jeder Eingangstür befand sich ein einziges Zimmer. In einem dieser Zimmer lebten Rachel und Israel. Erst in späteren Jahren, als im Kibbuz neue Häuser gebaut wurden, erhielten sie in einer der Neubauten eine Wohnung. Diese hatte zwei Zimmer, eine kleine Kochnische und eine eigene Dusche und Toilette. Aber wo immer sie wohnten, vor jedem der Gebäude war Rasen angepflanzt.

Auf diesem Rasen versammelten sich alle. Mein Vetter und meine Kusine, Michael und Yael, ebenfalls geduscht und in frischer Kleidung, kamen von ihrem jeweiligen Kinderhaus. Rachel hatte Küchlein vorbereitet und aus der Gemeinschaftsküche des großen Erwachsenenspeisesaals kühle Limonade geholt. Sie übernahm den Part des Dolmetschers zwischen mir, Michael und Yael. An jedem dieser Sabbatabende kannte ich mehr hebräische Wörter und begann, mich bruchstückhaft zu verständigen. Solange ich das aber nicht ausreichend konnte, erlahmte Michaels und Yaels Interesse an mir immer recht schnell, und sie verzogen sich, um mit ihren Freunden zu spielen, mit denen sie eine gemeinsame Sprache verband. Es war dann an Rachel, sich mit mir zu unterhalten. Ich würde bald genug Hebräisch können, um auf sie als Dolmetscherin zu verzichten, meinte sie. Aber ob es mir nicht gefallen würde, einen anderen Namen zu haben? Peter sei ein für die Jugendlichen im Kibbuz völlig ungewohnter Name. Sie könnten ihn gar nicht richtig aussprechen, weil er ein fremder Name sei, einer aus einer anderen Sprache, ja sogar aus einer anderen Religion. Wenn ich einen anderen Namen hätte, einen, der den Jugendlichen im Kibbuz geläufig wäre, dann würde das auch mit dem Spielen und Freundegewinnen einfacher gehen. Überhaupt, meinte Rachel, sollte ich jetzt auch eine Beschneidung machen lassen, dann würde ich nicht mehr auffallen. Schließlich sei ja ihr Bruder, mein Vater Hans, auch beschnitten gewesen. Alle Juden seien beschnitten, und jetzt, wo ich doch in Israel angekommen sei, dem Land der Juden, könnte ich mich ruhig beschneiden lassen. Das würde überhaupt nicht weh tun. Heute sei die Medizin fortgeschritten. Da sei ein Besuch beim Zahnarzt schon etwas anderes. Eine Beschneidung würde wie ein Geburtstag gefeiert.

Und beim Aussuchen eines neuen Vornamens könne sie mir helfen. Das müsse kein beliebiger Vorname sein, mit dem wiederum ich nichts anfangen könne. Schließlich hätten auch sie und Gerhard, als sie ins Land kamen, neue Vornamen angenommen – so wie die anderen, deren Namen es im Hebräischen nicht gab. Es sei so etwas wie eine Entscheidung für einen neuen Anfang. Als sie noch in Deutschland gelebt habe, hätte sie, wie ich ja wisse, den Vornamen Dora gehabt. Sabta, so nannte sie Großmutter auf hebräisch, würde sie ja noch immer so nennen. Jetzt aber sei ihr Name Rachel. In der Regel würde man sich Namen aussuchen, die man aus der Bibel kenne. Und überhaupt, der Petrus aus der Bibel, auf den mein Name hinweise, habe ja auf hebräisch eigentlich Shimon geheißen. Erst später habe sich Shimon, im Ausland sozusagen, Petrus genannt. Wenn ich mich also Shimon nennen würde, würde ich noch nicht einmal einen neuen, sozusagen fremden Namen annehmen, sondern meinem Namen nur seinen ursprünglichen Sinn zurückgeben.

Es war sehr viel, was Rachel mir da fürsorglich sagte. In meinem Kopf raste alles durcheinander, viel schneller, als ich denken konnte.

Israel und Rachel hatten unter den anderen Kibbuzmitgliedern einen Freund, ein hagerer Mann, Junggeselle, der manchmal mit Israel zusammen in den Apfelplantagen arbeitete. Am liebsten arbeitete er, wie ich bald herausfinden sollte, allein, und zwar in den Bananenfeldern. Er hieß Chaim, aber Rachel und Israel nannten ihn Hans. Auch Michael und Yael sprachen von Hans. Hans, so wie mein Vater hieß. Ich dachte, es sei die Namensgleichheit mit meinem Vater, die etwas mit Israels und Rachels besonderer Freundschaft und Zuneigung zu tun hatte. Irgendwann hatte wohl auch er seinen Namen Hans abgelegt, einen Neuanfang beschlossen und sich den Namen Chaim ausgesucht. Warum aber nannten sie ihn dann weiter Hans? Hätte mein Vater seinen Vornamen ebenfalls ändern müssen? Oder hätten sie ihn auch einfach weiter Hans genannt?

Israels Bruder, der nicht im Kibbuz lebte, sondern in der Stadt, obwohl er auch die braune und gegerbte Haut der Kibbuzniks hatte und häufig nach Kfar Hammakabi zu Besuch kam, auch er ein hagerer Junggeselle, hieß Walter. War Walter ein hebräischer Name? Michael, den er besonders mochte und dem er immer irgendein Geschenk mitbrachte, hatte keine Schwierigkeiten, den Namen Walter auszusprechen. Brauchte Walter seinen Vornamen nicht zu ändern, weil er Richter war in der Stadt? Oder hatte er keinen Neuanfang beschlossen? Oder mußten nur jene ihren Vornamen ändern, jemand anderer werden, die nicht wie die Jungs im Kinderhaus und wie die Männer in der Erwachsenendusche beschnitten waren?

Ich verstand überhaupt nichts. Daß mein Name Veränderungen ausgesetzt wurde, je nachdem, wo ich mich gerade befand, hatte ich schon erlebt. In Shanghai wurde mein Name englisch ausgesprochen: Pieter, und in Prag war aus Peter Petr geworden. Das zweite e ging einfach verloren. Jetzt sollten die restlichen vier Buchstaben verlorengehen und noch ein bißchen mehr. Ich sollte mir ein Stück von meinem Körper abschneiden lassen. Warum erwarteten sie das von mir? Was war der wirkliche Grund? War *Muli*, das Maultier, auch beschnitten?

Als ich Großmutter von dem Gespräch erzählte, spürte ich ihren Unwillen.

Warum sollst du deinen Namen ändern? Peter ist doch ein schöner Name! sagte sie irgendwie trotzig. *Dein Vater und deine Mutter, Hans und Esti, haben doch den Namen ausgesucht! Oder gefällt er dir nicht?*

Rachel hatte freundlich und fürsorglich mit mir gesprochen. Beinahe einschmeichelnd hatte ich ihre Vor- und Ratschläge empfunden. Das war es doch, worauf ich mich gefreut hatte, schon in Prag. Ich hatte einen Vetter, das war so etwas wie ein Bruder. Einer, mit dem ich spielen wollte. Vielleicht sogar einer, der mich beschützen konnte. Ich lernte ja auch eifrig alle hebräischen Vokabeln, die ich kennen mußte, um ihm das auch direkt sagen zu können. Aber das schien nicht auszureichen. Nachdem er mich, nach unserer Ankunft und manchmal zwischendurch, auf dem Rasen vor dem Zimmer seiner Eltern kurz beschnuppert hatte, kehrte er mir immer wieder den Rücken zu. Nun wurde aber ein Fünkchen Hoffnung geweckt. Wenn ich dieses irgendwie entstandene Mißverständnis, das in meinem Namen und zwischen meinen Beinen begründet war, abschaffen würde, würden er und seine Freunde mich aufnehmen.

Aber Großmutters Unmut weckte meine Ängste, die Rachels einschmeichelnde Fürsorge schon halb beiseite geschoben hatte. Shimon. Shimon. Shimon. Als Rachel den Namen ausgesprochen hatte, war das wie ein Zauber gewesen, der mich aus meinem eigenen Körper herausholen, hochheben, in jemand anderen verwandeln und dann wieder in meine Körperhülle zurückbringen könnte. Konnte ich mir mich selber vorstellen, wenn ich den Namen hörte? Wenn ich ihn aussprach? Lautlos sprach ich den Namen immer wieder aus: Shimon. Shimon. Aber die Angst blieb, und der Wunsch wuchs, die Dinge wären nicht so kompliziert.

Wieder dachte ich zurück an Prag.

*

Knapp ein Jahr nachdem ich mit meiner Mutter, aus Shanghai kommend, in Prag bei Großmutter eingetroffen war, hatte ich zum ersten Mal Vorbereitungen für ein Weihnachtsfest erlebt. Esti, die gleich nach unserer Ankunft in Prag ins Krankenhaus eingeliefert worden war, durfte die Weihnachtszeit zu Hause bei Großmutter und mir verbringen. Schon Wochen vorher erfuhr ich, es werde ein großes Festessen geben mit Gästen, die Anna und Esti alle irgendwie nahestanden. Ich merkte auch, daß sehr viel Arbeit und Vorbereitung dazugehörte. Großmutter begann die Vorbereitungen mit einer Art Generalputz der Wohnung: Vorhänge und Gardinen wurden abgehängt, Fenster aufgerissen, der dunkle Schrank im Wohnzimmer wurde poliert, die Parkettböden wurden gewienert, die Teppiche gebürstet. Die Zimmer der Wohnung wurden von Licht, frischer Luft und Kälte durchflutet. Dann machte Großmutter Besorgungen. Sie unternahm zahllose Gänge und kehrte jedesmal mit weiteren Bestandteilen des geplanten Festmahls zurück. Es sollte für sie – und die eingeladenen Gäste – ein wirkliches Erlebnis werden.

Sie selbst hatte den letzten Marsch aus Auschwitz in Richtung Freiheit überlebt, ihre Tochter Esti war verwitwet und krank mit einem kleinen Sohn vom anderen Ende der Welt nach Prag zurückgekehrt. Nun sollten ihre Bekannten und Freundinnen ihre Gäste sein, bei einem Abendessen, das sie so leicht nicht vergessen würden. Ich spürte bei den Vorbereitungen etwas von der Bedeutung, die dieses Ereignis für Großmutter haben sollte, und nahm regen Anteil. Das Backen des Weihnachtsgebäcks fand schon Wochen vorher statt. Da ich immer etwas von dem jeweils neu Gebackenen abbekam, hatte ich bald meine Vorlieben. Die Vanillekipferl schmeckten mir am besten.

Eines Tages kehrte Großmutter von einem ihrer Einkäufe mit einer großen Tasche zurück, aus der merkwürdig krächzende Laute zu hören waren. Etwas Lebendiges rührte sich darin so kräftig, daß Großmutters ganzer Oberkörper bewegt wurde. Sie ging mit der Tasche triumphierend geradewegs ins Badezimmer. Von diesem Tag an bis Weihnachten war das Badezimmer gesperrt, es war zum Stall geworden und die Badewanne zum Käfig, in dem sich eine Gans befand. Eine wirkliche lebendige Gans. Ich hatte noch nie zuvor eine Gans gesehen. Auf zwei merkwürdig gespreizten flossenartigen Beinen stakste das Tier immer zwei, drei Schritte in der Badewanne vor und zurück und stieß dabei jene krächzenden Laute aus, die ich schon aus der geschlossenen Tasche gehört hatte. Großmutter erklärte, sichtlich stolz, jetzt sei der Hauptgang für das Essen da: die Weihnachtsgans. Erst aber müßte sie noch schön gestopft werden. Aufgeregt und neugierig beobachtete ich, wie Großmutter in der Küche einen steifen Brei vorbereitete. Diesen Brei rollte sie zu einer langen Wurst, die sie dann mit einem Messer in kurze Stücke schnitt, deren Enden sie mit den Fingern spitz formte. Dann ließ sie diese Würstchen trocknen. Als sie fast hart waren, legte Großmutter sie in eine Schüssel und ging damit ins Bad. Ich durfte mitkommen. Sie stellte die Schüssel aufs Waschbecken, setzte sich auf einen Hocker, griff nach der Gans und klemmte sie sich zwischen die Beine. Mit der linken Hand griff sie nach dem Kopf der Gans. Er verschwand in ihrer Faustinnenfläche, nur der gelbe Schnabel schaute heraus. Mit einer halb drehenden Bewegung von Daumen und Zeigefinger spreizte Großmutter den Schnabel auf, griff mit der rechten Hand aus der Schüssel eines der vorbereiteten gehärteten Würstchen und schob es der Gans in den Rachen. Ihr den Schnabel mit den Fingern wieder schließend, begann sie, die unter Flaum und Haut sich abzeichnende Wurst mit den Fingern ihrer rechten Hand nach unten zu drücken und zu schieben, bis sie nicht mehr sicht- und fühlbar war. Mit jeder Wurst wiederholte sich die Prozedur, bis die Schüssel leer war. Danach erhielt die Gans aus derselben Schüssel Wasser. Sie tauchte den Schnabel hinein und trank. Das Wasser, so Großmutter, würde die Würstchen aufweichen und aufquellen lassen. Dadurch würde die Gans schnell an Gewicht und Fett zunehmen.

Das alles fand mehrmals täglich statt, und mein Interesse an der Gans im Badezimmer, die im übrigen immer stiller wurde, sank. Mich beschäftigte inzwischen ein anderes Problem. Großmutter hatte erwähnt, daß alle, die sie zu dem großen Weihnachtsgansessen eingeladen hatte, sich für diesen Abend ausdrücklich eine Gänsekeule auf ihrem Teller wünschten. Außer Großmutter, Esti und mir waren für den Abend vier oder fünf Gäste eingeladen, und obwohl ich noch nicht zur Schule ging, war mir klar, daß diese Wünsche mit dem, was die Gans in unserem Badezimmer zu bieten hatte, nicht in Übereinstimmung zu bringen waren. Selbst wenn Großmutter sie noch so eifrig stopfte, würden ihr nicht mehr Beine wachsen. Tagelang beschäftigte mich die Frage, wie Großmutter dieses Problem zu lösen gedachte. Ich spürte, daß der Abend für sie wichtig war, freute mich selbst sehr darauf, hatte aber gleichzeitig Angst vor der Mißstimmung, die doch entstehen würde, wenn die Wünsche der Gäste unerfüllt blieben. Andererseits wirkte Großmutter überhaupt nicht beunruhigt. Sie schien, wie immer, alles im Griff zu haben. Ich fragte sie mehrmals, ob denn wirklich auch alle am Tisch einen Schenkel bekämen. Sie bejahte die Frage. Doch meine Angst und meine Unruhe wurden dadurch nicht vertrieben.

Am Tag bevor die Gäste kamen, wurde ich aus der Küche ausgeschlossen. Ich hatte nicht mitbekommen, wie die Gans, deren Gewichtsveränderung, täglich kontrolliert, durchaus Großmutters Erwartungen entsprach, ihren Weg aus der Badewanne in den Backofen angetreten hatte. In der Ecke des Wohnzimmers stand ein Weihnachtsbaum, der von Esti und Großmutter am Abend zuvor geschmückt worden war. Die Kerzen brannten festlich, aber für all diese Dinge hatte ich keinen Blick und keine Aufmerksamkeit. Als die Gäste da waren, alle gut gelaunt, saß ich, aufgeregt in Richtung Küche blickend, und wartete auf die Auflösung des Rätsels. Endlich kam der Augenblick. Auf einer großen ovalen Schüssel trug Großmutter die duftende und braungebratene Gans in den Raum und stellte sie auf den Tisch. Mein Staunen kannte kein Ende. Rings um die Gans lagen lauter Schenkel, der genauen Anzahl der Gäste am Tisch entsprechend. Ich empfand große Erleichterung. Großmutter hatte es geschafft – aber wie hatte diese wundersame Schenkelvermehrung stattgefunden?

Manchmal, wenn Rachel und Großmutter miteinander sprachen, verstummten beide, sobald ich dazukam. Bereits an einem der ersten Tage nach unserer Ankunft im Kibbuz und nachdem Rachel und Israel uns bei einigen Rundgängen gezeigt hatten, wo und wie sie lebten und wir jetzt auch leben würden, sprach Rachel mit der Großmutter darüber, wie alles im Kibbuz organisiert sei. Die Kinder seien in den Kinderhäusern, wo sie vorzüglich versorgt würden. Am Nachmittag könnten sie dann ihre Eltern besuchen, die nach getaner Arbeit und anschließender Ruhepause freie und unbeschwerte Zeit für sie hätten. Beide Eltern würden tagsüber arbeiten, allerdings meist nur bis zur Mittagszeit, denn, wie sie ja merkte, werde es im Laufe des späteren Vormittags doch sehr heiß. In der Mittagszeit hielten die meisten dann in der schattigen Kühle und Ruhe des eigenen Zimmers ihr Mittagsschläfchen. Das Wort Mittagsschläfchen kannte ich nicht.

Die Kibbuzmitglieder, erzählte Rachel, würden alle zu irgendeiner Arbeit eingeteilt. Einer Arbeit, für die sie eine besondere Eignung hätten. Sie selbst zum Beispiel ginge sehr gern mit Kleinkindern um. Sie habe auch viel über Kleinkinderpsychologie gelesen, habe Lehrkurse besucht und sei deshalb als Kindergärtnerin eingeteilt worden. Sie fragte Großmutter, ob sie sich überlegt habe, womit sie sich gern beschäftigen würde. Sie sei ja nun nicht mehr die Jüngste und ihre Gesundheit nach allem, was sie so mitgemacht habe, sicherlich auch nicht die beste. Aber es gebe ja leichte Arbeiten, und es wäre doch wichtig, den Kontakt mit anderen Menschen zu halten und ein wenig abgelenkt zu werden. Einige der älteren Frauen im Kibbuz würden zum Beispiel in der Kleiderkammer und der Nähstube arbeiten. Dort sei es nicht so heiß, die Baracke stünde im Schatten von Bäumen, die schon vor Jahren gepflanzt worden seien und sich nun als Wohltat erwiesen.

Großmutter, von Tatendrang erfüllt, wollte aber unbedingt in der Küche wirken. Rachel schien eher zögerlich auf dieses Verlangen zu reagieren. Sie versuchte Großmutter den Gedanken an eine Arbeit in der Großküche des Kibbuz auszureden. Ob sie sich vorstellen könne, was für eine Hitze in einer derartigen Küche bei den Außentemperaturen des heißen und langen Sommers in Israel herrsche? Ob sie sich nicht bewußt sei, daß Kochen in einer Großküche etwas völlig anderes sei als die Zubereitung eines Abendessens für eine Familie. Hier würde nicht in Töpfen und Pfannen und auf Herdplatten gekocht. Riesige Kessel seien es, in denen eine breiige Substanz zusammengerührt würde, von der man nicht wisse, ob sie als Suppe gedacht oder ein verkochter Gemüsebrei sei. Außerdem koche man hier nicht die gleichen Speisen wie in Europa. Der Küchenzettel sei ein ganz anderer. In diesem Land wüchsen andere Gemüse und Früchte, und vieles, was man in Europa gewohnt sei, gebe es überhaupt nicht. Schließlich dachte Rachel, sie zöge eine Trumpfkarte, als sie sagte:

Und wie soll das funktionieren, wenn du dich nicht mit den anderen Frauen dort verständigen kannst? Keine von denen, die dort zur Arbeit eingeteilt sind, spricht Deutsch oder Tschechisch.

Großmutter ließen diese Horrorszenarien völlig ungerührt. Kochen sei etwas, was sie vorzüglich könne, beharrte sie, und schließlich habe sie mich, der völlig unterernährt und ausgezehrt aus Shanghai nach Prag gekommen sei, doch ganz ordentlich wieder hingekriegt. Großmutter wußte nicht, daß man zwar koscher kochen soll, aber nicht koscher bügeln muß.

Rachel begann die Willensstärke und Durchsetzungsfähigkeit dieser Frau zu erahnen. Der Frau, die sie eigentlich nur aus der Entfernung kannte. Sie hatte sie zum letzten Mal gesehen, als sie und Gerhard nach Karlsbad gefahren waren, um sich von Martin, Doras Vater, zu verabschieden. Auf dem Umweg über Schweden hatten sich dann beide auf die Reise nach Palästina begeben. Dort wollten sie mitwirken an der Verwirklichung des zionistischen Traums vom jüdischen Staat. Vor dieser letzten Begegnung in Karlsbad hatte Dora Anna nur sporadisch gesehen.

Anna war für sie jene Frau, die sich ihrem Vater an den Hals geworfen, ihn seiner Ehefrau, Rachels Mutter, entfremdet hatte. Die Verbindung von Anna und Martin fiel in eine Zeit, als Bamberg aufhörte, Rachels Heimatstadt zu sein. Es war eine Zeit, in der das energische junge Mädchen erlebte, wie der erfolgreiche Vater zu einem alten Mann wurde, der sich krampfhaft bemühte, ein wenig vom vorher angesammelten Wohlstand zu retten. Zuerst über die Wirtschaftskrise, dann über die Zeit der beginnenden Judenverfolgung hinweg. Es war die Zeit, als Anna und Martin sich lieben lernten und Doras Mutter allein und krank in ihre Heimatstadt Berlin zurückging. Von dort hatte Martin Julie Löwenstein nach Bamberg geholt, um sie zu heiraten und mit ihr eine Familie zu gründen. Während Martin zunehmend mit der Rettung seines Geschäfts und mit seiner Beziehung zu Anna beschäftigt war, ging Dora ihren eigenen Weg.

III. Das Ende der Gewißheit

Martin war gewissermaßen mein doppelter Großvater. Er war der Vater von Hans und Dora. Er war aber auch der Lebensgefährte von Großmutter Anna, der Mutter von Esti, meiner Mutter. Er hat mich nie gesehen. Ich habe ihn nie gesehen. Nur aus den Erzählungen von Anna lernte ich ihn kennen. Bald würde ich auf der Bühne in Jerusalem hören, wie er zu Anna sagt: *Ist es nicht wunderbar, daß unsere Liebe eine andere Liebe hervorbrachte?*, und Anna würde ihm zur Antwort geben: *Es ist, als hätte Gott uns zusammengebracht, damit dein Sohn und meine Tochter sich begegnen können.*

Ja, sie haben sich geliebt. Sie müssen sich geliebt haben. Ich kann es mir nicht anders vorstellen. Warum sonst war er geblieben und nicht wie seine beiden Kinder vor dem Terror geflohen?

Zum ersten Mal hörte ich von ihm, als ich Großmutter fragte, weshalb sie denn im Konzentrationslager gewesen sei. *Weil ich Martin, deinen Großvater, vor den Deutschen versteckt habe*, sagte sie, *bis die Gestapo kam und uns beide in der Wohnung verhaftet hat.*

Ich hatte gefragt, weil ich wissen wollte, wie sie zu der blau eintätowierten Nummer auf ihrem Unterarm gekommen war. Ob die wirklich nie verschwinden würde. Auch nicht, wenn sie sich immer wieder sehr gründlich mit warmem Wasser und Seife waschen würde. Nein, sagte Großmutter. Man könne die

Nummer wohl von einem Arzt herausschneiden lassen, manche Frauen hätten das getan – selbst von Männern wisse sie, die sich die Tätowierung hätten wegschneiden lassen. Allerdings gebe es auch Männer mit einer Tätowierung am Oberarm, fast in der Achselhöhle. Diese Männer hätten der SS angehört – und wären jetzt ihre Tätowierung sehr gern los. Dann sei zwar eine kleine Narbe zu sehen, aber kaum einer bemerke sie, und wenn, dann wisse man nicht, wo sie herrühre. Sie jedenfalls wolle sich die eintätowierte Nummer nicht herausschneiden lassen.

Sie und Martin waren in Prag verhaftet worden. Ein Schauspieler, der sehr viel später einen der verhaftenden Gestapobeamten darstellen wird, würde, zu Anna gewandt, die Worte sprechen: *Sie werden nicht mit diesem Mann gehen, und sie werden ihn nie mehr anrühren.* Am 30. November 1942 endete die Beziehung zwischen Großvater Martin und Großmutter Anna.

Ich weiß, daß sie von der Gestapo in getrennten Zellen untergebracht wurden. Ich weiß, was danach geschehen ist. Ich weiß, daß sie beide aus dem Gestapogefängnis in Prag in die Kleine Festung Theresienstadt gebracht wurden. Ich weiß, daß Großvater Martin dort bei seiner Einlieferung am 10. Dezember 1942 von einem Mann namens Anton Malloth ermordet wurde.

Was ich nicht weiß: Wann Martins und Annas Beziehung begonnen hatte. Was die Grundlage dieser Beziehung war, welche Krisen und Höhepunkte sie hatte. Ich weiß nur, was Großmutter mir in den Jahren erzählte, als ich mit ihr im Häuschen neben dem Brunnen am Meer lebte. Bilder aus ihrem Leben entstanden dort. Bilder aus ihren Kinder- und Jugendjahren. Bilder aus Karlsbad. Bilder aus Auschwitz, Ravensbrück und Majdanek. Bilder, mit denen ich weiterlebe.

Ich weiß wenig über ihre Beziehung zu Martin. Ich bin darauf angewiesen, mir vieles vorzustellen, Erzähltes mit Nichterzähltem zusammenzufügen.

*

Während ich an der Reling der *Sea Wave* stehe, erinnere ich mich an die Geschichten, die Großmutter mir dort am Brunnen erzählte. Aber die Dinge, die sie mir erzählte, waren nur Facetten aus ihrem Leben. Ich muß versuchen, diese Facetten aneinanderzureihen, mir die nicht erzählten Dinge dazwischen vorzustellen. Für manches muß ich meine Phantasie bemühen. Ich weiß zum Beispiel nicht, wie der Bauernhof ihres Großvaters ausgesehen hat, auf dem sie und ihr Bruder aufwuchsen. Ich weiß nicht, welche und wie viele Tiere es dort gab. Ich weiß nicht einmal, wie Großmutter als junges Mädchen und später als junge Frau und Mutter ausgesehen hat. Es gibt keine Fotos von ihr aus dieser Zeit. Es gibt das Foto eines jungen Mannes in Uniform aus der Zeit der Jahrhundertwende. Aber ob es ein Foto ihres Bruders oder ihres späteren Ehemannes und Vaters ihrer Kinder ist, weiß ich nicht. Wenn ich versuchen will zu verstehen, wer diese Frau wirklich gewesen ist, muß ich allen mir bekannten Details ihres Lebens nachgehen. Ich werde also in den Brunnen hinabsteigen und hoffe, daß sich der Eimer füllen wird.

Als Großmutter und ich im August 1959 Israel verließen, war es viel heißer als sieben Jahre zuvor, als wir im Hafen von Haifa ankamen. Die letzte Nacht und die beiden vorangegangenen Wochen hatten wir in Jerusalem verbracht. Wir waren bei der Mutter meines Schul- und Internatsfreundes Daniele untergekommen, die eine Art Dienstwohnung im Haus des Augenarztes Dr. Ticho in Jerusalem bewohnte. Dr. Ticho war einer der bekanntesten Jerusalemer Augenärzte. Anna Ticho, seine Tochter, war Malerin. Mehr als zwei Jahrzehnte später sollte ich wieder im Ticho-Haus sein, wie das Gebäude in Jerusalem genannt wird. Jetzt beherbergte das Haus ein kleines Museum mit den Schwarzweißbildern Anna Tichos und ein Café, das zum beliebten Treffpunkt geworden war. Bis heute kursieren zahlreiche Geschichten über Dr. Tichos Wirken und die gesellschaftliche Rivalität zwischen ihm und seinem Kollegen Dr. Feigenbaum in der Äthiopierstraße.

Jahrzehnte nach meiner Gastrolle im Ticho-Haus ergab sich für mich die Möglichkeit, in den orientalischen Prachtbau des Dr. Feigenbaum einzuziehen. Das Haus war zum Verkauf angeboten. Als Vertreter der deutschen Friedrich-Naumann-Stiftung war ich auf der Suche nach geeigneten Büro- und Wohnräumen und hörte vom Verkäufer zum ersten Mal die Geschichte von der Rivalität der beiden aus Deutschland stammenden Jerusalemer Augenärzte. All das war mir im August 1959 unbekannt.

Danieles Mutter war im Haus des Dr. Ticho angestellt, und wir durften die Tage bis zur Abreise bei ihnen wohnen. Selbst wenn man mir den Namen eines anderen Ticho-Hausgastes genannt hätte, hätte mir das nichts bedeutet. Else Lasker-Schüler war häufig in diesem Haus und besonders in seinem wunderbaren Garten. Sie ruhte dort ihr altes krankes Emigrantenherz aus, während wir auf dem Sprung waren zu neuen Ufern unseres noch nicht beendeten Exils. Wo ich in den achtziger Jahren meinen Nes-, Milch- oder arabischen Kaffee trinken sollte, spielte der 6. Akt von Lasker-Schülers Schauspiel *Ichundich*. Und nun, 1994, sollte in Jerusalem ein Stück gespielt werden, in dem ich mich selbst auf der Bühne sehen würde – in der Dualität von *Du* und *Er,* die sich der Dramatiker Joshua Sobol für mich ausgedacht hatte. Vielleicht, so mein verwegener Gedanke, war das Ticho-Haus ein Auslöser für Ich-Spaltungen.

Kurz vor der Abreise saßen Daniele und ich auf der Außentreppe, streichelten den auf dem Gelände frei herumlaufenden Boxerhund und sprachen über unsere Zukunftspläne. Daniele plante, wie ich, in Europa zu studieren. Eigentlich hätten wir beide am liebsten in England studiert. Die Jahre auf der englischen Missionsschule und im angeschlossenen Internat hatten in uns einen starken Bezug zu England wachsen lassen, das wir beide nicht kannten.

Plötzlich sahen wir einen jungen Mann quer durch den Garten zur Mauer rennen, über die er offenbar klettern wollte. Der Boxer gab ein kurzes Knurren von sich und lief mit überraschender Geschwindigkeit auf den jungen Mann zu. Ehe wir richtig verstanden hatten, was geschah, hörten wir den Schmerzensschrei des jungen Mannes. Der Boxer hatte ihn gebissen. Er hatte sich in den Oberschenkel des Mannes verbissen und mühte sich nun mit ruckartigen Bewegungen seines kurzen Halses, seine Beute zu schütteln. Weder Daniele noch seiner herbeigeeilten Mutter gelang es, den Boxer zu bewegen, seine Beute loszulassen. Weder halfen scharfe Befehle, Drohungen und Beschimpfungen noch freundliche Lockungen. Danieles Mutter rief einen Krankenwagen. Sie und Daniele mußten den jungen Mann nebst festgebissenem Boxer im Krankenwagen begleiten. Am Abend kehrten beide mit dem Boxer zurück. Im Krankenhaus, erzählten sie, hatte der Hund betäubt werden müssen. Erst dann gelang es, ihn vom Oberschenkel des als Einbrecher bekannten jungen Mannes zu lösen. Unterschwellig mischte sich ein anerkennender Stolz in die Erzählung, und auch bei mir hinterließ die im wahrsten Sinne verbissene Beharrlichkeit des Boxers großen Eindruck.

Wenige Tage später verließ ich mit Großmutter Jerusalem und Israel. Wieder fuhren wir mit unseren Koffern in einem schwarzen Taxi. Die Fahrt ging aber nicht zum Hafen von Haifa. Großmutter und ich wollten zum Flughafen Tel Aviv. Diesmal sollten wir mit dem Flugzeug reisen. Beide zum ersten

Mal im Leben. Ich war sehr aufgeregt, achtete am Flughafen aufmerksam auf unsere Koffer, war stolz auf unsere uns zur Reise befähigenden Dokumente, die ich alle selbst besorgt hatte, und begann so etwas wie Fürsorge für Großmutter zu empfinden. Auch bei ihr glaubte ich etwas wie zufriedenen Stolz wahrzunehmen. Im Flugzeug sah ich sie von der Seite an, als ich die von der Stewardeß angebotenen Zigaretten annahm und mir eine anzündete. Sie erhob keinen Einwand. Erzählungen von Großmutter über ihre Jugend kamen mir in den Sinn. Am Fenstersitz einer Propellermaschine der Olympic Airways von Tel Aviv nach Frankfurt erschienen sie mir wie Märchen aus einer anderen Zeit.

*

Als Großmutter mir zum ersten Mal die Geschichte vom Bären erzählte, war ich wohl so alt wie das kleine Mädchen Anna, dem die Geschichte zu Anfang des Jahrhunderts passiert war – etwa zehn Jahre. Das mag auch der Grund sein, warum sie mich so nachhaltig beeindruckt hat.

Der Bauernhof von Annas Großvater, auf dem sie mit ihrem Bruder lebte, lag in Siebenbürgen, die nächste Stadt war Rosenau bei Kronstadt. Ich hatte keine Ahnung, wo das war. Großmutter erklärte mir, die Ortschaften lägen in Rumänien. Von Rumänien hatte ich zumindest schon einmal gehört, wenn ich mir auch nichts darunter vorstellen konnte.

Anna sollte etwas von einem benachbarten Bauernhof holen, der jenseits eines dichten Waldes lag. Der Wald war groß und dunkel, aber sie hatte keine Angst, schließlich war sie den Weg schon oft gegangen. Unterwegs suchte sie unter Sträuchern nach Beeren und hatte schon die halbe Kanne voll, als sie ein lautes Rascheln und Schnauben hörte. Durch die Sträucher konnte sie im dämmrigen Licht des Waldes die Ursache der

Geräusche erkennen: einen leibhaftigen Bären. In der Nähe war ein kräftiger Baum. Sie war jung. Sie war gelenkig. Sie ließ die Kanne mit den gesammelten Waldbeeren liegen, rannte mit wenigen Schritten zu dem Baum und kletterte bis ungefähr zur Mitte des Stammes. Dort war eine Astgabel, auf der sie mit dem Rücken zum Stamm, gewissermaßen eingeklemmt, sitzen und sich mit den Händen festhalten konnte. Langsam wurde es dunkler. Außerhalb des Waldes mochte noch heller Sommervorabend sein, aber im Wald schien die Nacht schon anzubrechen. Anna begann sich Sorgen zu machen. Sie fürchtete den Ärger des Großvaters, der einen schlimmen Jähzorn entwikkeln konnte. Den Bären aber kümmerten weder der Großvater noch Annas Angst. Er hoffte wohl immer noch, daß die entgangene Beute vom Baum herunterfallen würde. Anna aber saß fest und sicher in ihrer Astgabel. Langsam überkam Müdigkeit sowohl den Bären als auch das Mädchen im Baum. In der Nacht muß der Bär wach geworden sein und sich auf die Suche nach Nahrung gemacht haben. Als Anna am frühen Morgen nach unten blickte, war der Bär fort. Sie kletterte vorsichtig vom Baum herunter. Dabei machte sie immer wieder Pausen, blickte aufmerksam um sich, hielt den Atem an im Bemühen, ja kein verdächtiges Geräusch zu überhören. Unten entdeckte sie die umgestoßene Kanne mit den am Vortag gepflückten Waldbeeren. Ohne die Beeren einzusammeln, ergriff sie die Kanne und rannte, so schnell sie konnte, den Weg zum Hof zurück. Zum jähzornigen Großvater und dem großen Bruder. Stolz darauf, dem mordlustigen Bären ein Schnippchen geschlagen zu haben.

Gern würde ich der Erzählung von der Nacht auf dem Baum andere Erzählungen aus Großmutters Kinder- und Jugendjahren hinzufügen. Aber was ich weiß, ist sehr wenig. Um nicht auch das zu vergessen – es ist nicht, wie in Familien üblich, durch Fotos oder die Erzählungen anderer gestützt –, habe ich mir dazu meine eigenen Bilder gemalt, habe ich, was ich wußte, weiterphantasiert. So sind aus Großmutters spärlichen Angaben schon früh meine Geschichten geworden.

Wie Annas Bruder mit Vornamen hieß, weiß ich nicht. Er war einige Jahre älter als sie. An dem Tag, als ihr Großvater sie zum Nachbarhof schickte, war er gerade zu Besuch gekommen. Er war in der königlich-kaiserlichen Armee. In seiner schmukken Uniform sah er aus wie der Kaiser persönlich, mindestens wie einer seiner Generäle. Er kam regelmäßig zu Besuch, und der, das wußte sie, galt ihr. Einmal würde er sie in die Stadt mitnehmen. Das hatte er versprochen. Großvater war streng und jähzornig. Der Bruder war liebevoll. Wenn er ankam, packte er sie um die Hüfte, hob sie vom Boden hoch und drehte sich mehrmals mit ihr auf dem Absatz seiner polierten Stiefel, bis ihr schwindlig wurde. Er erzählte aufregende Geschichten von der Welt jenseits der Bauernhöfe.

Durch die Nacht auf dem Baum hatte sie einen ganzen Abend mit dem Bruder verpaßt. Das war fast schlimmer als die ausgestandene Angst. Als sie zurückkam, merkte sie, daß er sich Sorgen gemacht hatte. Sie war also eine wichtige Person. Jetzt fühlte sie sich besonders wichtig. Denn ein Abenteuer, wie sie es erlebt hatte, hatte sonst niemand in der Nachbarschaft erlebt. Sie stellte die Kanne mit den restlichen Beeren auf den Tisch und erzählte aufgeregt von ihrer Begegnung mit dem Bären. Zufrieden nahm sie den Schrecken in den Gesichtern von Bruder und Großvater wahr. Das hatten sie wohl nicht gedacht, daß sie so klug und tapfer sein konnte. Zwar war sie kein Soldat wie ihr Bruder, aber er konnte stolz auf sie sein. Ehe er mit Großvater vom Tisch aufstand, um ihm bei der Arbeit auf dem Hof zu helfen, drückte er sie einmal ganz fest.

Nachdem der Bruder den Hof verlassen hatte, mußte Großvater alle Arbeit allein bewältigen. Für die Ernte oder die Wintervorbereitungen heuerte er Wanderarbeiter an. Manchmal auch für die anfallenden Reparaturen am Hof. Mit den Wanderarbeitern sprach Großvater nicht deutsch, sondern rumänisch, die Sprache, die in der Stadt und den meisten Dörfern gesprochen wurde. Auch sie hatte die Sprache gelernt. Aber Großvater wollte nicht, daß sie mit den Arbeitern sprach. Er selber sprach mit ihnen nur das Nötigste. Als würde er sich der Möglichkeit, sie anzuraunzen, was er ziemlich häufig tat, berauben, wenn er auch nur ein einziges überflüssiges Wort sprach. Vor allem achtete er darauf, daß die Landarbeiter sich an den vorher verabredeten Lohn hielten und nicht versuchten, ihn mit einem geschickten Griff in die Speisekammer durch Naturalien aufzustocken. Die Landarbeiter bekamen Schlafplätze im Stall zugewiesen.

Solange der Bruder da war, brauchte Großvater keinen Arbeiter. Der Bruder verbrachte seine ganze freie Zeit auf dem Hof, um Großvater zu helfen und sich um seine kleine Schwester zu kümmern. Er brachte ihr das Lesen bei. Seitdem konnte sie, wenn Großvater draußen bei der Arbeit oder abends eingeschlafen war, bei Kerzenlicht Großvaters Bibel aufschlagen und, langsam buchstabierend, darin lesen. Bei einem seiner Besuche brachte er ihr einen Bleistift mit, damit sie schreiben lernte. Der Bleistift war bunt. Dicke und dünne sich windende Farbrinnsale schmückten seine Außenfläche. Sie stellte sich Flüsse vor, die ins große Meer flossen. Vom Schwarzen Meer hatte ihr Bruder erzählt. Seit er Soldat des Kaisers Franz Joseph war, hatte er einiges von der Welt kennengelernt und ihr bei jedem seiner Besuche davon berichtet.

Auch diesmal hatte er sicher Aufregendes zu erzählen. Während Anna das Mittagessen zubereitete, wartete sie voll Ungeduld auf den Abend. Und richtig: nach dem Abendessen, als Großvater sich schlafen legte, zog der Bruder sie zu sich heran und erklärte, daß es bis zu seinem nächsten Besuch etwas länger dauern würde. Sie wisse ja, daß es beim Militär anders zuginge als sonst im Leben. Es herrschten dort sehr strenge Regeln, und wenn jemand gegen eine dieser Regeln verstößt, müsse er mit Strafe rechnen. Auch er habe gegen eine Regel verstoßen. Und so müsse er demnächst seine Strafe antreten. Deswegen würde es diesmal ein wenig länger dauern, bis er wieder zu Besuch käme. Gegen welche Regel oder welches Verbot er sich vergangen hätte, wollte Anna vom Bruder wissen. Und welche Strafe er denn bekommen würde? Sie hatte Angst. Angst um den Bruder und Angst, seine Strafe würde sie ihres einzigen Schutzes berauben.

Er erzählte ihr folgende Geschichte: Ein Soldat hatte ihn einen Bauerntölpel genannt. Da dieser Soldat einer anderen Einheit angehörte, war die Beleidigung schlimmer, als wenn diese Worte unter Freunden, vielleicht im Ärger oder gar aus Jux, gesagt worden wären. Er war also gezwungen gewesen, den anderen sozusagen zurückzubeleidigen. Im Militär und unter den Leuten von Stand, unter denen er lebte, gab es für solche Situationen bestimmte Regeln. Und wer sich nicht an diese Regeln hielt, wurde von den anderen geschnitten, wurde nicht mehr eingeladen, seine Karriere war damit praktisch beendet. Für den Fall einer derartigen Beleidigung und die darauf erfolgte Rückbeleidigung war eine Herausforderung zum Duell vorgesehen. Nun war aber seit einiger Zeit das Duell verboten, und im Militär verhielt es sich so, daß man einerseits bestraft wurde, wenn man sich duellierte, andererseits aber auch, wenn man es nicht tat. Dann wurde man als ehrlos und feige angesehen. Was ein Duell war, mußte der Bruder ihr erklären: eine Art Prügelei zwischen Männern. Allerdings nach Regeln und mit Waffen. Dabei konnte man Pistolen oder Säbel wählen. Das bedeutete, daß die Gefahr, verletzt oder gar getötet zu werden, größer war als bei Gasthofprügeleien. Kurz und gut, er hatte sich mit dem anderen duelliert. Zwar hatte er das Duell gewonnen – es war mit Säbeln ausgetragen worden –, der andere war aber so schwer verletzt worden, daß er ins Krankenhaus geschafft werden mußte. Man hatte das Duell nicht, wie es sonst häufig geschah, verschweigen können. So war er zu mehreren Wochen Karzer verurteilt worden. Diese Strafe müsse er bald antreten und könne deshalb so bald nicht wieder zu Besuch kommen.

Nachdem er Anna all das erklärt hatte, wurde der Bruder fast heiter und machte sich über die bevorstehende Strafe lustig. In ein dunkles Verließ werde er gesperrt. Nur Wasser und trockenes Brot bekäme er zu trinken und zu essen. Das werde ihm gewiß nicht schaden.

Anna erschrak. Karzer. Schon das Wort klang furchterregend. Auch das geschilderte Duell hatte ihr einen heillosen Schrecken eingejagt. Daß er es hätte sein können, der bei diesem Duell von einem Säbel getroffen und schwer verletzt worden wäre – nicht auszudenken. Jetzt war es an ihr, dafür zu sorgen, daß der Bruder im Karzer, in jenem dunklen Loch, in das sie ihn hineinwerfen würden, nicht verhungerte.

Der Bruder verabschiedete sich diesmal besonders innig von ihr. Anna wollte dem Großvater erklären, daß sie einen Entschluß gefaßt hatte. Von dem würde sie sich nicht abbringen lassen. Sie würde einige Gerichte kochen und backen, die ihr Bruder besonders mochte, und sich damit auf den Weg in die ferne Stadt machen. Dorthin, wo man ihren Bruder in einen finsteren Karzer eingesperrt hatte.

Vielleicht hatte der Großvater, für Anna überraschend, keine Einwände erhoben. Vielleicht hatte er, ohne es allzu deutlich zu sagen, sogar Befriedigung darüber empfunden, daß die wackere kleine Enkelin so furchtlos war. Solidarität und die Notwendigkeit zusammenzuhalten waren den Siebenbürger Sachsen als bedrängter Minderheit, als die sie sich im fremden Land empfanden, durchaus bekannt. Als ihre Vorfahren sich hier angesiedelt hatten, um das Heilige Römische Reich Deutscher Nation an seinem östlichsten Ausläufer zu schützen, da konnten sie sich als Heilsbringer, als Pioniere empfinden. Das war vor Jahrhunderten gewesen, aber die Vorstellung hatte den Zeitläuften getrotzt, auch wenn die Umstände sich geändert hatten. Das Heilige Römische Reich Deutscher Nation gehörte längst der Vergangenheit an. Jetzt, im beginnenden zwanzigsten Jahrhundert, gab es sozusagen zwei Kaiser: einen in Berlin und einen in Wien. Die Siebenbürger fühlten sich von beiden im Stich gelassen und von den Ungarn und Rumänen drangsaliert. Der Kaiser in Wien ließ zu, daß die Ungarn die deutschen Ortsnamen abschafften, die deutschen Schulen schlossen und auch im Militär auf ihre Herrschaftsrolle pochten. Die Siebenbürger Sachsen schotteten sich ab, hielten als Minderheit zusammen.

Anna packte ihren Ranzen, füllte ihn mit Buchteln und anderen Speisen, die ihr Bruder mochte, und kam auf dem Wagen eines benachbarten Bauern, der, wie manchmal auch Großvater, sich mit einer Ladung Obst und Gemüse zum Verkauf auf den Weg machte, das erste Mal in die Stadt.

Wenn Großmutter die Geschichte erzählte, betonte sie jedesmal, daß es ihr tatsächlich gelungen sei, den Korb mit Essen ihrem Bruder in die Karzerzelle zu bringen. Die Wachen waren so beeindruckt von dem jungen Mädchen, das den beschwerlichen Weg auf sich genommen hatte, um den im Karzer eingekerkerten Bruder mit Essen zu versorgen, daß sie ein Auge zudrückten und sie einließen. Jahrzehnte später war Großmutter noch immer stolz und glücklich bei der Erinnerung an die Überraschung und die Freude, die sie dem Bruder bereitet hatte.

Ich frage mich, weshalb ich annehme, daß Großmutters Bruder Karl hieß. Ich kann mich nicht erinnern, daß Großmutter jemals seinen Namen genannt hat. Daß Großmutters Sohn den Namen Karl hatte, erfuhr ich auch erst nach ihrem Tod. Ich denke mir, daß er nach ihrem geliebten Bruder benannt worden war. Häufig bekommen ja Kinder den Vornamen eines nahen Familienangehörigen. Mein Sohn erhielt als zweiten Vornamen den seines Großvaters väterlicherseits, Martin. Bestimmte Gewohnheiten, Bräuche und Traditionen erhalten sich, ohne daß darüber viel nachgedacht oder gesagt wird. Was wird mit der Benennung von Kindern nach Verwandten, manchmal bereits verstorbenen Verwandten, ausgesagt? Ist es ein Akt der Erinnerung? Oder eine auferlegte Verpflichtung, die lebenslang in alle Ausweispapiere eingetragen wird, damit sie nicht vergessen werden kann, eine untilgbare Hypothek? Oder liegt in dieser Art der Namensfortschreibung das Versprechen von Gruppensolidarität?

Auf der Bühne in Jerusalem, wo man das Stück über die Ermordung meines Großvaters Martin spielen wird, werde ich hören, daß ich meinen Vornamen Peter und zwei weitere zugewiesen bekommen habe, weil es keine Solidarität mit Juden gab. Also haben meine Eltern mir christliche Namen gegeben, die entsprechende Solidarität einfordern sollten. Jedenfalls hat Großmutter mir die Geschichte meiner beiden Taufen – der katholischen und der protestantischen – so erzählt, und es war die einzige Geschichte, bei der ich das Gefühl hatte, daß sie mir auch etwas erklärte.

Ich frage mich und versuche es mir vorzustellen, wie meine Großmutter als Mutter gewesen ist. Es fällt schwer, sie sich als Mutter vorzustellen.

Sie wurde relativ früh Ehefrau und Mutter. Sie war verheiratet worden. Jedenfalls hat sie mir das in ihren Erzählungen so dargestellt. Der Mann, mit dem sie verheiratet wurde, stammte nicht aus Siebenbürgen. Ich weiß nicht, ob er auf der Durchreise oder vielleicht in der näheren Umgebung auf Besuch bei Verwandten war. Ich weiß nicht, wie er sie kennengelernt hat, ehe er beschloß, bei Großvater um ihre Hand anzuhalten. Vielleicht hatte ihr Bruder ihn in der Stadt kennengelernt und im Bestreben, die kleine Schwester gut versorgt zu wissen, die beiden miteinander bekannt gemacht. Vielleicht war er sogar ein Freund ihres Bruders. Die beiden konnten sich aus dem Militär gekannt haben. War ihr Bruder mit dem späteren Ehemann zu Besuch auf dem Bauernhof aufgetaucht? Und wie hat der Großvater reagiert? Mißtrauisch und zurückhaltend gegen Fremde, wie er war?

Die Aussicht, daß seine Enkelin, die seit einigen Jahren die Rolle der Hausfrau einnahm, die kochte, wusch und saubermachte, weggehen würde, dürfte für ihn nicht angenehm gewesen sein. Er hatte die beiden Enkelkinder allein großgezogen. Wenn beide weggingen, wäre er ganz allein. Er könnte sich eine alleinstehende, vielleicht auch verwitwete ältere Frau als Haushaltshilfe auf den Hof holen. So etwas kam häufiger vor. Und er spürte bereits, daß ihm die Arbeit, die er ein Leben lang bewältigt hatte, immer schwerer wurde. Aber selbst wenn er mit Glück eine gute Haushälterin fände, eine, die ihn nicht bestehlen und betrügen, nicht alles auf den Kopf stellen würde, sie würde auf jeden Fall eine Fremde bleiben. Und falls sie jünger wäre, könnte sie womöglich auf die Idee kommen, sich irgendwelche Hoffnungen zu machen.

So oder so ähnlich mögen seine Gedanken gewesen sein. Es kann aber auch ganz anders gewesen sein.

Über ein halbes Jahrhundert später, beim Ausfüllen eines Antrages auf Einbürgerung in die Bundesrepublik Deutschland, hat Großmutter angegeben, sie sei im Jahre 1905 von ihrem Geburtsort Rosenau in Siebenbürgen nach Karvín in Mähren gezogen, im Alter von 14 Jahren also. Das würde bedeuten, daß sie bereits acht Jahre in Karvín gelebt hat, als Heranwachsende sozusagen, ehe sie 1912, gerade volljährig, geheiratet hat.

Ihr Mann war Fotograf und hatte in Karvín einen Fotoladen. Hatte der Großvater sie nach Karvín in die Lehre geschickt? Wollte er sie irgendwie ausgerüstet sehen, angesichts all der bevorstehenden Ungewißheiten? Ihr Bruder war beim Militär und versorgt. Hatte die vierzehnjährige Anna Heimweh nach dem Bauernhof des Großvaters in Siebenbürgen, nachdem sie in Karvín angekommen war? Wie war sie überhaupt hingekommen? Mit der Eisenbahn? Oder ist man damals noch mit der Kutsche gereist? Wie lange dauerte so eine Reise? Vielleicht gab es in Karvín irgendwelche entfernten Verwandten, zu denen der Großvater sie schickte.

Sie hat mir von dieser Zeit nie berichtet, und sie hat auch keine Geschichten erzählt, aus denen ich hätte entnehmen können, wie es ihr in diesen Jahren ergangen ist. Als sie die Nacht auf dem Baum verbracht hatte, muß sie demnach jünger als 14 Jahre gewesen sein. Von ihrer Ehe mit dem Fotografen in Karvín, meinem anderen Großvater, hat sie kaum erzählt. Sie hat diesen Ehemann wohl nicht besonders geliebt, der sie doch immerhin geheiratet und zur Mutter gemacht hatte. Nichts Freundliches hat sie über ihn verlauten lassen, woraus ich die Vorstellung einer glücklichen jungen Ehefrau und Mutter hätte entwickeln können. Sie heiratete ihn am 8. Mai 1912, zwei Jahre vor Ausbruch des Ersten Weltkrieges. Auf der Kopie des Trauscheins, den ich unter ihren Dokumenten gefunden habe, ist als Ort der Eheschließung Karvín in Schlesien vermerkt. Wenige Jahre später war es Karvín in Mähren. Ein Gebiet, in dem verschiedene Sprachen, Kulturen, Traditionen und Erfahrungen nebeneinander gelebt wurden, sich begegneten, dabei manchmal auch aufeinanderprallten, sich ineinander verkeilten und wieder voneinander getrennt wurden. Mißverständnisse und Vorurteile gediehen vor diesem Hintergrund. Man wußte wenig vom jeweils anderen. Ein Nichtwissen, das von einer Generation auf die andere überging.

Großmutter hat mir erzählt, wie sie ihrem Ehemann nach der Hochzeitsnacht weglief. Bis nach Siebenbürgen, also ziemlich weit, wo der einzige Mensch war, von dem sie sich Schutz erhoffte vor den merkwürdigen Erwartungen und Forderungen ihres Ehemannes. Anna war nicht aufgeklärt worden. Der Bruder mußte die Einundzwanzigjährige aufklären und zum Ehemann nach Karvín zurückbringen. Es mag das letzte Mal gewesen sein, daß sie bei ihm Schutz und Rat gesucht hat. Von da an mußte sie sich selbst helfen. Drei Jahre später war sie zweifache Mutter und Witwe. Ob ihr Bruder zu dieser Zeit noch lebte, weiß ich nicht. Mit seiner schönen Uniform war er im Heer des österreichischen Kaisers darauf eingeschworen worden, für ihn und die österreichische Monarchie zu sterben. Großmutter hat in allen anderen Erzählungen den Bruder nicht mehr erwähnt. Sie hat aber auch nicht gesagt, ob und wann sie je wieder von ihm gehört hat. Vermutlich ist er im Ersten Weltkrieg auf dem sogenannten Feld der Ehre gestorben. Für König, Kaiser und Vaterland.

Wußte Großmutter, wie wichtig ihre Erzählungen für mich waren? Daß ihre Erzählungen in meinem Kopf zu Bildern wurden, daß sich dort Vorstellungen davon entwickelten, was sie für ein Mensch war? Warum hat sie mir manches erzählt und anderes nicht? Nie hat sie nüchtern Fakten, Namen und Daten genannt. Sie hat immer Geschichten erzählt. Geschichten von Dingen, die ihr widerfahren waren und aus denen ich meine Lehren ziehen sollte. Lehren, die mir helfen sollten, in Zukunft zurechtzukommen und zu wissen, was ich tun und lassen sollte.

Eine der Geschichten, die sie mir aus ihrer Zeit als junge Witwe und Mutter von zwei Kindern erzählte, hat sich tief in mein Gedächtnis eingegraben. Die Bilder, die diese Erzählung geschaffen hat, haben sich nicht verflüchtigt. Ich sehe die junge Witwe Anna irgendwo in Böhmen ohne die Kinder unterwegs im Zug. Der Personenzug, gezogen von einer schwarzen Dampflokomotive, bahnt sich seinen Weg an Feldern, Wäldern und Dörfern vorbei. Es ist Sommer, der Weltkrieg ist vorbei, und Anna fährt durch die neue Tschechoslowakische Republik.

Sie mag diese Republik nicht. Für sie ist der Wunsch der Tschechen nach einem eigenen Staat der eigentliche Grund für den Zusammenbruch der österreichischen Monarchie. Die Tschechen sind den Truppen des Kaisers in den Rücken gefallen, statt loyal für die Habsburger Monarchie zu kämpfen. Ihr Verrat habe das Ende der Herrschaft des guten Kaisers Franz Joseph bedeutet. Alles, was seitdem geschehen war und was ihr Leben beschwerte, führte sie auf diesen Verrat zurück: Den verlorenen Krieg, das wirtschaftliche Durcheinander, in dem sie ihre Aufgabe als Witwe und Mutter unter so großen Schwierigkeiten erfüllen mußte, das Chaos, das sich für sie in der Vorherrschaft einer neuen Sprache manifestierte, die sie nie gelernt hatte. Neue Ausweise wurden ausgegeben, und die Polizisten hatten neue Uniformen. Wer nicht ihre Sprache sprach, erlebte sich als Angehöriger einer von der Obrigkeit nicht geschätzten Minderheit. Und als wäre das alles nicht genug, kam auch noch diese furchtbare Krankheit, die die Menschen massenhaft dahinraffte.

Eine Epidemie ging um. Jeder achtete darauf, niemandem nahe zu kommen, der fiebrig aussah. Diejenigen, die sich angesteckt hatten, wurden eiligst von den anderen isoliert und letztlich dem raschen Tod überlassen. Medizinische Hilfe, wenn man sie sich überhaupt leisten konnte, schien wenig bewirken zu können. Tausende waren bereits tot, und es wurde weiter gestorben. Menschen, die auf der Straße einen glasigen Blick bekamen und zu wanken begannen, wurden sofort abtransportiert und auf Karren zu Sammelstellen gebracht, an denen andere von der Epidemie Angesteckte bereits gestorben waren oder im Sterben lagen. Die Zahl der Toten wuchs täglich. Angst breitete sich aus.

Anna war im Zug mit Gedanken beschäftigt – womit sie Geld verdienen konnte, um sich und den Nachwuchs zu versorgen. Ob sie auf die Hilfe der Familie ihres Mannes rechnen konnte? Mit diesen Gedanken und Sorgen beschäftigt, spürte sie plötzlich einen leichten Schauder. Es war, als kündigte sich mitten im Sommer plötzlich eine Erkältung an. Ihr wurde schwindlig. Wie ein Blitz durchzuckte sie die Erkenntnis, daß sie sich angesteckt hatte. Ihr nächster Gedanke war, daß sie auf gar keinen Fall erkennen lassen durfte, daß sie zu den möglicherweise schon vom Tod Gezeichneten gehörte. Dann würde man sie sofort isolieren, sie womöglich zu den Sterbenden schaffen.

Anna wollte weiterleben. Sie war doch gerade mit dem Nachdenken darüber beschäftigt, wie ihr Leben weitergehen könne. Vielleicht war es der Tod ihres Mannes, ein Jahr nach Ausbruch des Krieges, der ihr erstmals das Gefühl vermittelt hatte, jetzt müsse und könne sie für sich selbst und die Ihren sorgen, jetzt könne sie eigene Vorstellungen und Wünsche verwirklichen. Dabei sah sie sich auf sich selbst angewiesen. Sie konnte nicht damit rechnen, daß andere ihr beistanden. Entschlossen und hart mußte sie sein, gegen sich und gegen andere. Jetzt, im Augenblick ihrer fatalen Übelkeit, wurde ihr klar, wie sehr sie am Leben hing. Und daß es an ihr allein lag, ob sie am Leben blieb. Schnell ging sie in Gedanken alles durch, was sie über die Epidemie gehört hatte, die so viele nicht überlebt hatten. Die Fallgeschichten der Überlebenden wurden von einem zum anderen weitererzählt, wurden abgewandelt und angereichert. Man sprach darüber, um eigene Ängste zu bannen.

Als der Zug am nächsten kleinen Bahnhof anhielt, stieg sie aus. Sie wußte nicht, wo sie war. Es war eine kleinere Stadt, deren Namen sie nie zuvor gehört hatte. Sie hatte einen Plan. Entweder würde sie mit seiner Hilfe der gräßlichen Epidemie ein Schnippchen schlagen, oder sie würde dabei draufgehen.

Aber dann würde sie wenigstens nicht tagelang zwischen Todkranken und Sterbenden liegen. Sie ging aus dem Bahnhof ins Städtchen. Schnell fand sie einen Laden, der das von ihr Gesuchte führte. Ohne einen prüfenden oder mißtrauischen Blick auf sie zu werfen, packte der Kaufmann das Verlangte ein. Vielleicht dachte er, die junge Frau, offensichtlich eine Reisende, sei zu einem Verwandtenbesuch unterwegs und wolle schnell, sozusagen im letzten Moment, noch ein Geschenk für einen Onkel oder einen sonstigen männlichen Verwandten besorgen. Nachdem sie bezahlt hatte, verstaute sie das Verpackte vorsichtig in ihrer Reisetasche, verließ den Laden und hielt Ausschau nach einem Hotel. Sie brauchte nicht lange zu suchen. Nie vorher in ihrem Leben war sie in einem Hotel gewesen. Aber ihre Zielstrebigkeit und Entschlossenheit bewahrte sie davor, sich einschüchtern zu lassen. Sie hatte bereits Erfahrung darin gesammelt, sich von Ungewohntem nicht überwältigen zu lassen. Sie verlangte ein Zimmer für eine Übernachtung. Beim Ausfüllen des Meldezettels gab sie als Beruf Kauffrau an. Allein in dem Zimmer, packte sie das im Lebensmittelladen als Geschenk Eingekaufte aus der Reisetasche. Sie legte den Hut ab, zog das Kleid aus und hängte es in den Schrank. Zuvor hatte sie sich vergewissert, daß sich in der Porzellankanne auf der Spiegelkommode Wasser befand.

Sie spürte das fiebrige Gefühl heftiger werden und beeilte sich. Sie durfte nicht ohnmächtig werden. Sie zog die Vorhänge zu, setzte sich an den Bettrand und nahm die vom Kaufmann eingepackte Flasche aus dem Papier: französischer Cognac. Anna hatte noch nie zuvor hochprozentigen Alkohol getrunken. Jetzt setzte sie, im wahrsten Sinne mit Todesverachtung, die Flasche an und trank den Cognac wie Wasser. Sie bemühte sich, das Kratzen und Brennen in Rachen und Hals zu verdrängen, solange noch etwas in der Flasche war. Sie trank in großen Schlucken, den Geschmack dieses Teufelszeugs wollte sie erst gar nicht wahrnehmen. Das Gefühl des Schwindels, das sie im Zug empfunden hatte, verstärkte sich. Sie fiel in ein großes schwarzes Loch, schwebte und fiel gleichzeitig. Sie spürte noch, wie ihr Herz raste, und verlor das Bewußtsein, ihr letzter Gedanke war: Ich will nicht sterben.

Sie starb nicht. Irgendwann wurde sie wach. Sie hörte Stimmen, ohne zu verstehen, was gesagt wurde. Der Hotelier und seine Frau standen am Fußende des Bettes und daneben ein dunkelgekleideter Mann. Sie bewegte leicht ihren Kopf und sah eine Arzttasche auf der Kommode stehen. Dann fühlte sie etwas Feuchtes. Das Bett, in dem sie lag, war naß. Sie sah Blut. Es war ihr eigenes.

Da haben Sie aber Glück gehabt, hörte sie den schwarzgekleideten Mann neben dem Bett sagen. *Eine solche Roßkur übersteht nicht jeder. Wäre den Herrschaften nichts aufgefallen, wären sie wahrscheinlich verblutet.*

Anna hatte, nicht zum ersten und auch nicht zum letzten Mal, dem Tod ein Schnippchen geschlagen.

*

Als die *Sea Wave* langsam in den Hafen von Rhodos einläuft, sind die Mannschaften der Schiffe, die nach der *Sea Wave* aus Piräus ausgelaufen sind und sie unterwegs überholt haben, schon bei den letzten Vorbereitungen für das erneute Ablegen. Von der Reling beobachte ich das Treiben am Kai. Einzelne Passagiere, in der Hand einen eben erstandenen Fahrschein, steigen eiligst auf eins der Schiffe. Ihre Rucksäcke und die daraufgebundenen gerollten Isomatten weisen sie als Sommerurlauber mit schmalem Geldbeutel aus. In Plastiktüten tragen sie ihren Bordproviant: Getränke, Brot, frisches Gemüse und Obst. An Bord werden sie als erstes Ausschau halten nach freien Plätzen, wo sie ihre Isomatte ausbreiten können. Statt in den stickigen Räumen mit den Pullmansitzen werden sie die Nacht an der frischen Luft verbringen.

An Bord der *Sea Wave* macht sich unterdessen Enttäuschung breit. Es hat sich herumgesprochen, daß es keinen Landgang geben wird. Die altersschwachen Maschinen des Schiffes haben eine so langsame Fahrt erzwungen, daß es nur einen kurzen Aufenthalt geben kann. Einzig Passagiere mit dem Ziel Rhodos dürfen aussteigen, andere, die noch nicht wissen, auf welches Schiff sie sich da begeben, werden zusteigen. Ich blicke über den Kai hin zur Stadtmauer von Rhodos. Man kann das Tor erkennen, durch das man in die Stadt gelangt, und ich versuche, mich an die mir von früheren Aufenthalten bekannten Gassen zu erinnern, ein Spiel, in dem ich mich oft übe. Ich versuche dann, selbst kleinste Einzelheiten aus dem Viertel oder der Straße einer Stadt vorzustellen, durch die ich häufig gegangen bin. Wie oft bin ich in dreitausend Kilometern Entfernung in Gedanken die Levá ulice in Prag hochgegangen – in der Richtung, die die Einbrecher im Jahre 1949 eingeschlagen hatten –, um an der ersten Ecke links abzubiegen, hin zu dem Gebäude, in dem ich damals zur Schule ging. Wie oft auch bin ich in meiner Vorstellung die Ben-Yehuda-Straße in Jerusalem auf und ab gegangen und habe die Auslagen der Geschäfte betrachtet. Im Zickzackkurs gehe ich die Straße entlang, halte an altbekannten Stationen: dem Teppich- und Antiquitätenladen des alten Iraners an der Ecke oder der Musikalienhandlung schräg gegenüber. Dann beschließe ich, im Café Atara einzukehren, gehe aber zuerst noch daran vorbei, noch einige Auslagen weiter die Straße aufwärts, um nach einer deutschsprachigen Zeitschrift zu suchen, die ich bei einem Nescafé durchblättern kann. Ehe ich mich in Gedanken aus der Ben-Yehuda zurück in Richtung Zionsplatz bewege, schaue ich noch einmal in das Schaufenster des Iraners. Ein wunderbarer Kelim zieht mich an. Der Kelim lädt zum Träumen ein. Ein Traum im Traum entwickelt sich. Ich sehe Häuser, Zimmer und die Menschen, die darin leben, wie sie miteinander reden, sich lieben, sich ängstigen, leiden und freuen. Wie auf einer Bühne sehe ich das alles.

Daß auch durch das Theater Erinnerungen an Erlebtes geweckt werden können, werde ich bald hautnah erleben. Sogar, daß es Erinnerungen an nicht selbst Erlebtes gibt, werde ich erfahren. An der Reling der *Sea Wave* im Hafen von Rhodos vermischt sich ebenfalls Gesehenes und Gehörtes mit nicht selbst Erlebtem. Ich gehe in meiner Vorstellung den Weg vom Schiff über den Hafenplatz zu der am Hafen vorbeiführenden Autostraße und von dort in die Stadt. Draußen scheint die Sonne, aber in die engen Gassen fallen nur einzelne schmale Strahlen. Gleich hinter dem Eingangstor sind einige geöffnete Lebensmittelläden. Ich gehe daran vorbei, biege rechts in eine leicht aufsteigende Gasse und suche auf ihrer linken Seite die Synagoge von Rhodos-Stadt. Man kann sie heute besichtigen. Sofia Soriano öffnet mit ihrem Schlüsselbund die Tür und erzählt dabei die Geschichte der Juden von Rhodos. 2000 Juden haben dort gelebt, als sie eine junge Frau war. Ihr und ihrem Mann war im letzten Moment die Flucht mit einem Fischerboot in die Türkei gelungen. Der gesamte Rest der Familie wurde nach Auschwitz deportiert.

Als die griechischen Juden in Auschwitz ankamen, war Großmutter Anna schon da. Da war sie schon in Ravensbrück gewesen. Da war ich schon geboren und lebte als Kleinkind mit meiner Mutter im Getto von Shanghai. Da war Martin, mein Großvater und Annas Gefährte, schon tot.

Es war drei Tage vor meinem ersten Geburtstag, als Anna mit einem Sammeltransport von 51 weiblichen Häftlingen im Konzentrationslager Auschwitz ankam. Der Transport kam aus Ravensbrück. Großmutter hat mir von dem Tag, an dem sie in Auschwitz eingeliefert wurde, erzählt. Aber sie hätte mit Sicherheit nicht das Datum nennen können. Ich denke, sie hätte nicht einmal die genaue Anzahl der Frauen gewußt.

Am 6. März 1943, dem Tag, als sie dort ankam, wurde vom SD des Distrikts Krakau eine einzelne Frau in Auschwitz eingeliefert, weiterhin kamen ein Frauentransport mit 16 Frauen und zwei größere Transporte aus Berlin, Breslau und anderen deutschen Städten mit insgesamt 2533 Menschen. Unter den 2533 Menschen waren 1587 Frauen und Kinder. Aus diesen beiden Transporten wurden 1452 Menschen am selben Tag in den Gaskammern getötet, darunter 276 Männer und 1176 Frauen und Kinder. Diese Zahlen und Fakten sind unter dem Datum 6. März 1943 im *Kalendarium der Ereignisse im Konzentrationslager Auschwitz-Birkenau 1939–1945* von Danuta Czech vermerkt.

Großmutters Erinnerung an diesen Tag beschränkte sich auf die Ansprache eines SS-Offiziers oder des Kommandanten, eines Mannes jedenfalls in schwarzer Uniform, vor ihr und den anderen Frauen. Von diesem Ort, so der SS-Mann, gebe es kein Entkommen. Entweder, er wies dabei auf den sichtbaren Zaun, werde man von einem Stromschlag getötet oder, falls es gegen alle Wahrscheinlichkeit gelingen sollte, diesen Zaun zu überwinden, sei man in einem Gebiet mit Sümpfen und vergiftetem Wasser. Es gebe nur eine sichere Art, von diesem Ort wegzukommen, fügte er hinzu. Dabei zeigte er spöttisch mit einer Handbewegung auf die qualmenden Schornsteine. Großmutter wußte noch nicht, daß sie den Rauch der 1452 ermordeten Menschen sah, die kurz zuvor in Auschwitz angekommen waren. Aber sie wußte und verstand, daß dort der Rauch von vergasten und verbrannten Menschen aufstieg und daß ihr die Gefahr drohte, das gleiche Schicksal zu erleiden.

In den Jahrzehnten nach dem Krieg, als die neue Bundesrepublik sich etablierte und sich bereit erklärte, Entschädigung an Überlebende zu zahlen, verlangte man von den Opfern akribische Detailtreue im Nachweis ihrer Verfolgung. Was sie tatsächlich erlebt hatten, was tatsächlich geschehen war, das interessierte nicht. Wenn man sich für die Opfer wirklich interessiert hätte, dann hätte man sich auch für die Täter und die Mittäter interessieren müssen. Das hätte beim Wiederaufbau gestört. Es hätte gestört beim Bemühen um Reputation. Es hätte gestört beim Streben nach Wohlstand. Es hätte gestört im Kampf gegen den Bolschewismus.

Was Großmutter Anna von Theresienstadt, Ravensbrück, Auschwitz und Majdanek zu erzählen hatte, interessierte nicht. In den verschiedenen Anträgen auf Wiedergutmachung, die sie gestellt hatte und die häufig genug abgelehnt oder erst nach mehreren Gerichtsverhandlungen teilweise anerkannt wurden, hat sie immer wieder angegeben, daß ihr Lebensgefährte Martin in der Kleinen Festung Theresienstadt am 10. Dezember 1942 umgebracht worden war. Sie hat diesen Mord immer wieder erwähnt. Nie war ein Beamter, der die Akten verwaltete oder im besten Fall sogar bearbeitete, auf den Gedanken gekommen, der Staatsanwaltschaft von diesem Mord Mitteilung zu machen. Nie war ein Staatsanwalt zu ihr gekommen und hatte um Angaben gebeten, die hätten helfen können, diesen Mord aufzuklären. Sie wußte nicht, wer Martin, ihren Lebensgefährten, mit dem zusammen sie verhaftet worden war, ermordet hatte.

Großmutter hat mir auch nicht den Namen des SS-Mannes nennen können, der ihr und den anderen Frauen jenen Vortrag zur Begrüßung in Auschwitz gehalten hat. Andere Überlebende konnten den Namen nennen. Es war der erste Schutzhaftlagerführer von Auschwitz, SS-Obersturmführer Karl Fritzsch, mit der SS-Nummer 7287, der, ehe er nach Auschwitz kam, bereits in Dachau Dienst versehen hatte. Er gehörte zur ersten Mannschaft des Konzentrationslagers Auschwitz, ebenso wie der Lagerarzt Robert Neumann. Dieser, auch SS-Obersturmführer, tauchte später in Shanghai auf. In der Stadt, in die Annas Tochter und ihr Schwiegersohn sowie 30000 andere Menschen vor dieser SS aus Europa geflohen waren.

Aus dem, was Anna wußte und was sie zu erzählen hatte, habe ich die Anhaltspunkte gewonnen, die es mir Jahrzehnte später möglich machten, nein, die mich zwangen, den Mörder meines Großvaters zu identifizieren. Die es mir möglich machten, Augenzeugen für den Mord an ihm zu finden. Die Geschichte dieser Suche nach Zeugen für den Mord an Martin, aber auch die Geschichte der Nichtverfolgung seines Mörders, ist Inhalt des Theaterstückes *Schöner Toni*, das auf der Grundlage meines Berichtes darüber, wie ich meinen Großvater Martin – und seinen Mörder – fand, vom israelischen Dramatiker Joshua Sobol für die Bühne bearbeitet wurde. Es ist die Geschichte eines perfekten Mordes, von dem alle wissen und der nie vor einem Gericht verhandelt wurde und wohl auch nie verhandelt werden wird. Dieser Fall ist kein Einzelfall. Er ist aber einer der seltenen Fälle, in denen Opfer und Täter beim Namen genannt werden konnten. Opfer und Täter beim Namen zu nennen ist in diesem Land etwas Unanständiges. Die Täter, Mittäter und Profiteure schreien dann auf. Sie klagen wegen Beleidigung, klagen auf Unterlassung. Sie fordern gar, daß man ihnen bestätigen soll, sie hätten mit der Verfolgungsgeschichte nichts zu tun.

Das sei alles Adolf Hitlers Werk gewesen. Sie hätten damit nichts gemein.

Im *Kalendarium der Ereignisse im Konzentrationslager Auschwitz-Birkenau 1939–1945* entdecke ich unter dem Datum des 6. März 1943 einen weiteren Eintrag: *Der polnische Häftling Wladyslaw Zubek (Nr. 96428) flieht aus dem Lager.*

Ich weiß nicht, ob Wladyslaw Zubek seine Flucht überlebt

hat. Ob er die Verfolgung überlebt hat. Ob es ihm so ergangen ist wie Onkel Korda, dessen Vorname, wie ich glaube, Rudolf war. Er war kein wirklicher Onkel von mir. Er besuchte häufig meine Großmutter und meine Mutter. Er gehörte der jüdischen Gemeinde in Prag an, und meine Erinnerung an ihn ist immer die Erinnerung an eine Autofahrt in seinem schwarzen Auto von Prag nach Břežany. Ich sitze auf dem Beifahrersitz, sehe, wie das Auto die schwarze Landstraße auffrißt, die sich vor uns herzieht. Schneller und immer schneller verschwindet dieses schwarze Band, sich windend im Schlund der Motorhaube. Ich bin aufgeregt, fordere Onkel Korda auf, schneller zu fahren. Ich sehe gespannt auf die Straße, auf ihn und auf den Tachometer, ein großes rundes Glas mit einem Zifferblatt und einem Zeiger zwischen zwei kleineren, die mir nichts sagen. Ich will sehen, wie der Zeiger das zunehmende Tempo angibt. Aufgeregt sehe ich, wie der Zeiger sich der magischen Zahl 100 nähert, sie langsam, aber stetig erreicht. Onkel Korda hält das Lenkrad angestrengt fest, lächelt über meine Aufgeregtheit und vermindert das Tempo.

Jahre später, als unter Alexander Dubček der Prager Frühling ausgebrochen war, habe ich Rudolf Korda in Prag wieder besucht. Ich erinnerte ihn an die Autofahrt nach Břežany, und er fragte, ob ich Lust hätte, wieder mit ihm hinauszufahren. Ich habe die Frage überrascht und erfreut bejaht, und wir fuhren los. Wie damals. Auf der Fahrt und am Ziel, einer Art kleinem Landhaus, das, wie damals, noch immer von einem – jetzt allerdings sehr viel älteren – Ehepaar bewirtschaftet wurde, erzählte er die Geschichte seiner Flucht aus Auschwitz und seines Neuanfangs.

Rudolf Korda war ein erfolgreicher junger jüdischer Fabrikant in Prag. Er heiratete eine junge Frau aus wohlhabender jüdischer Familie. Kurze Zeit später marschierte die deutsche Wehrmacht in Prag ein, um das Protektorat Böhmen und

Mähren zu errichten. Protektorat bedeutet Schirmherrschaft, Schutz. Unter diesem Schutz der Wehrmacht wurden die Nürnberger Gesetze nach Prag gebracht. Juden durften nicht mehr Fabrikbesitzer sein. Rudolf Korda wurde sein Besitz und der seiner Frau weggenommen. Schließlich kam er mit ihr und der ganzen Familie nach Auschwitz. Seine Frau wurde ermordet. Gleich nach ihrer Ankunft. Wie die 1176 Frauen und Kinder, deren Rauch Großmutter am 6. März 1943, dem Tag ihrer Ankunft in Auschwitz, zum Himmel aufsteigen sah.

Rudolf Korda aber sollte den Deutschen, die die Schirmherrschaft über Böhmen und Mähren übernommen hatten, noch zu Diensten sein. Schließlich hatten arische Fabrikanten und Vorstandsmitglieder großer Aktiengesellschaften, hatten Planer, Ingenieure, Architekten, Techniker und Chemiker in ihrem Bemühen um Gewinne und billige Arbeitskräfte mit Hilfe von Gestapo, SS und Wehrmacht in der Welt der Konzentrationslager große Werke errichtet. Rudolf Korda wollte nicht darauf warten, daß die ihm verbliebene, ständig schwindende Arbeitskraft zur Senkung der Lohn- und Lohnnebenkosten der Deutschen aufgebraucht würde, bis auch er sich in Rauch auflösen sollte. Er beschloß zu fliehen. Als eines Tages ein im Lager aufgestellter Abort geleert wurde, gelang es ihm, mit dem Kot – das heißt mitten in der Scheiße – am nächsten Tag aus dem Lager Auschwitz heraustransportiert zu werden. In der Dunkelheit entkam er in die Wälder, wo er auf polnische Partisanen traf. Sie nahmen ihn auf, er kämpfte mit ihnen. Bald wurden sie von heranrückenden russischen Truppen erreicht. Rudolf Korda aber sprach kein Polnisch. Er sprach Deutsch und ein wenig Tschechisch. Die russischen Soldaten hielten ihn für einen deutschen Soldaten, der sich zu verstecken versuchte, und wollten ihn erschießen. Die polnischen Partisanen retteten ihn. Sie versicherten, daß er ein aus Auschwitz geflohener Häftling sei. Die russischen Soldaten reichten ihn weiter, und er konnte sich der in Rußland gebildeten tschechischen Militäreinheit im Kampf gegen Deutschland anschließen. So marschierte Rudolf Korda als Soldat in das von den Deutschen befreite Prag ein und erhielt wie andere, die die Stadt Prag befreit hatten, einen Orden. Er war der einzige Überlebende seiner Familie und der Familie seiner Frau. Von den tschechischen Behörden erhielt er seinen Besitz zurück und begann ein neues Leben. In dieser Zeit habe ich ihn kennengelernt.

Auch Großmutter Anna machte Versuche eines Neuanfangs. Immer wieder. Ich vermute, daß sie und Onkel Korda sich bereits aus der Zeit vor Auschwitz kannten. Daß sie geschäftlich miteinander zu tun hatten. Vielleicht hatten sie sich über Martin kennengelernt, der Korda aus seiner Zeit als Besitzer eines kleinen Kaufhauses in Bamberg gekannt haben könnte. Nach der Befreiung verband Großmutter und Korda die Erfahrung des Überlebens. Der Neuanfang erwies sich rasch als täuschend. Es dauerte nicht lange, und Rudolf Korda erlebte, wie ihm sein Besitz wieder entrissen wurde. Hatte er vorher einer Gruppe angehört, deren Eigentum arisiert und die dann umgebracht wurde, so gehörte er seit Februar 1948 einer Gruppe an, deren Besitz vergesellschaftet wurde.

Rudolf Korda heftete sich seinen Orden an und ging zum zuständigen Parteibüro. Er lege keinen gesteigerten Wert mehr darauf, Kapitalist zu sein, erklärte er. Seit er die blaue Tätowierung am Unterarm habe, wisse er um die Fragwürdigkeit und Vergänglichkeit von Besitz und Stand. Er sei bereit, die Produktionsmittel, die sich in seinem Besitz befänden, in Volkseigentum zu übertragen. Nur zwei Forderungen habe er: Er wolle seinen Landsitz in Břežany behalten und sein Automobil. Er durfte beides behalten. Fortan lebte er in Prag in einer kleinen Wohnung und ging morgens in eines seiner früheren Werke zur Arbeit. Am Wochenende fuhr er mit seinem Wagen nach Břežany.

Während er diese Geschichte auf der gemeinsamen Fahrt erzählte, veränderte sich sein Tonfall. Seine Aussprache wurde zunehmend weicher und melodiöser. Als wir in Břežany ankamen und er im ebenerdigen Wohnraum zur Wirtschafterin sagte: *Seins so lieb und machens uns a Schalerl Kaffee*, klang er ganz wie der Schaffner in Wien, der meinte, Großmutter und ich könnten hier aus dem Zug aussteigen. Bei meinem Besuch in Prag 1991 war Rudolf Korda bereits tot.

Eine weitere Eintragung in dem *Kalendarium der Ereignisse im Konzentrationslager Auschwitz-Birkenau 1939–1945*, unter dem Datum des 23. Oktober 1943, beschäftigt mich bis heute:

Mit einem Transport des RSHA sind aus Bergen-Belsen 1800 polnische Juden – Männer, Frauen und Kinder – eingetroffen, die mit Pässen, die eine Ausreise in lateinamerikanische Staaten erlauben, versehen sind. Die Mehrzahl von ihnen hat diese Pässe gegen ein hohes Entgelt mit Billigung der Gestapo im Warschauer Hotel Polski bekommen, von wo aus sie in das Aufenthaltslager in Bergen-Belsen gebracht worden sind. Es handelt sich um sog. «Austauschjuden». In Bergen-Belsen hat ein Vertreter des RSHA, Dr. Seidl, ihre Dokumente überprüft und dann entschieden, daß die zahlreichen Mitglieder der einzelnen Familien nicht miteinander verwandt seien. Die Pässe mit den Ausreisegenehmigungen hätten allein den Zweck, ihre Inhaber vor der Vernichtung zu bewahren. Man fordert sie auf, sich zur Abfahrt in das Lager Bergau bei Dresden bereitzumachen und teilt ihnen mit, daß ihnen ihr Gepäck nachgeschickt werde. Im letzten Augenblick werden dem Transport weitere 70 in Bergen-Belsen eingetroffene Juden angeschlossen. Erst nach ihrer Ankunft auf der Entladerampe begreifen sie, daß sie nach Auschwitz gebracht worden sind, ein Ort, der polnischen Juden nicht unbekannt ist. Auf der Rampe werden Männer und

Frauen voneinander getrennt. Die Frauen werden zum Krematorium II und die Männer zum Krematorium III gebracht. Nach einer Überprüfung der Dokumente zur Weiterreise und einer Ankündigung, daß zuvor noch eine Desinfektion erfolgen müsse, führen SS-Männer die Frauen zum Auskleideraum. Der Befehl, sich auszuziehen, bringt Unruhe in die Reihen der Frauen. Doch die SS-Männer beginnen, ihnen Ringe und Uhren abzustreifen. Da schleudert eine der Frauen, die erkennt, daß sie sich in einer ausweglosen Lage befindet, einen Teil der schon ausgezogenen Kleidungsstücke SS-Oberscharführer Schillinger an den Kopf, entreißt ihm seinen Revolver und gibt drei Schüsse auf ihn ab. Auch SS-Unterscharführer Emmerich wird von ihr angeschossen. Die übrigen Frauen stürzen sich mit bloßen Händen auf die SS-Männer; einem fügen sie eine Bißverletzung an der Nase zu, anderen zerkratzen sie das Gesicht. Die SS-Männer fordern Unterstützung an. Nachdem diese eingetroffen ist, wird ein Teil der Frauen niedergeschossen, die übrigen werden in die Gaskammern getrieben und getötet. SS-Oberscharführer Schillinger stirbt auf dem Weg ins Krankenhaus; SS-Unterscharführer Emmerich wird nach einiger Zeit wieder gesund, behält aber ein lahmes Bein.

Ein tiefes Gefühl von Befriedigung beschleicht mich, wenn ich diesen Eintrag lese. Frauen, jüdische Frauen, haben in Auschwitz SS-Leute angegriffen, niedergeschossen, in die Nase gebissen, ihnen die Gesichter zerkratzt. Haben in den letzten Momenten ihres Lebens sich gegen die ultimative Gewalt von Menschen über Menschen gewehrt – zu einem Zeitpunkt, als sie keine andere Möglichkeit des Widerstandes gegen den ihnen zugedachten Erstickungstod hatten. Ich denke mir, der SS-Unterscharführer Emmerich wird, sofern er den Krieg überlebt hat, sein lahmes Bein als Kriegsverletzung anerkannt bekommen haben.

Nach dem Krieg wurden in Deutschland erneut Kasernen gebaut und benannt nach Männern, die für den Oberscharführer Schillinger und den Unterscharführer Emmerich ein Vorbild waren. Nach der Frau, die nackt vor der Gaskammer auf die beiden geschossen hat, ist kein Gebäude benannt worden.

Es hat ihn gegeben, den Widerstand. Selbst oder gerade in aussichtslosen Situationen zeigte er sich in kämpferischen Handlungen: Gewalt gegen Gewalt. Vielleicht, wahrscheinlich, ja gewiß hat es ihn viel zu selten gegeben. Aber war die Flucht des polnischen Häftlings Wladyslaw Zubek aus Auschwitz am 6. März 1943 nicht auch ein Akt von Widerstand? So wie die Flucht von Rudolf Korda in einem Kübelwagen mit Kot? War nicht das Überleben Annas in diesen Jahren ein einziger Akt von Widerstand?

Es war an den Abenden in dem Häuschen bei dem Brunnen in Kfar Samir, als sie mir ihre Geschichten erzählte. Während die Petroleumlampe brannte und ich neben ihr im Bett lag – wir hatten nur eins –, erzählte sie von Selektionen, Transporten und Appellen, von Seuchen, vom Verstecken, Täuschen und Hintergehen. Vom Vergasen und vom Überleben. Vom Erkennen und Durchschauen von Situationen und Abläufen. Vom Geschick und der Energie, die nötig waren, um zu überleben. Aber auch vom Glück, das man haben muß.

Glück hatte Großmutter zum Beispiel bei einer Selektion in Auschwitz, die wieder einmal jener mir aus ihren Erzählungen schon bekannte Dr. Mengele vornahm. Auch andere Ärzte hatten im Dienst der SS dort Menschen schubweise für den Tod ausgesucht, aber Mengele war besonders berüchtigt. Von den Frauen, die Dr. Mengele an diesem Tag mit einem flüchtigen Blick daraufhin begutachtete, ob sie noch zur Arbeit taugten oder ob sie den Gang zur Gaskammer gleich antreten sollten, waren wohl etliche schon einige Zeit in Auschwitz-Birkenau. Sie wußten Bescheid, wußten, daß es darum ging, ob sie das

Ende dieses Tages überleben oder ob sie in wenigen Stunden in einer der Gaskammern, nackter Leib an nackten Leib gepreßt, in den sogenannten Duschen ersticken würden.

Mit lässiger Aufmerksamkeit, ein leicht spöttisches Lächeln um die Mundwinkel, blickte Dr. Josef Mengele auf jede vorbeikommende Frau, dann auf eine Liste, die vor ihm auf einem Tisch lag. Dann machte er eine leichte Handbewegung nach links oder rechts. Neben ihm stand seine Assistentin, eine junge, wie Großmutter Anna betonte, bildhübsche Frau in weißem Kittel, wie ihn auch Dr. Mengele über seiner SS-Uniform trug. Auch die junge Frau war als Häftling in Auschwitz eingeliefert worden. Jetzt war sie Mengeles Assistentin. Sie hatte Glück. Sie würde überleben.

Die Reihe der angetretenen Frauen war lang. Die Frauen waren nackt. Die sich bereits auskannten, bemühten sich, gesünder, kräftiger und wenn möglich jünger zu wirken, als sie waren. Großmutter war in diese Selektion geraten, weil sie sich in der Nacht zuvor in einen anderen Block geschmuggelt hatte. In ihrem Block hatte sie nicht bleiben wollen, weil sie von einer anstehenden Selektion gehört hatte. Es ging ihr sehr schlecht. Sie fürchtete, bei einer Selektion in den Tod geschickt zu werden. Sie hatte sich in den anderen Block geschmuggelt in der Hoffnung, seine Insassen würden von Auschwitz in ein anderes Lager transportiert werden. Bereits einmal war es ihr gelungen, auf diese Weise von Auschwitz wieder nach Ravensbrück zu kommen. Aber von dort war sie nach nicht allzu langer Zeit nach Auschwitz-Birkenau zurückgebracht worden.

Und nun stand sie in dieser Schlange, darauf wartend, daß Dr. Mengeles Handbewegung ihr Ende signalisierte. Es ging alles ziemlich schnell. Für jede Frau brauchte er nur einen kurzen Blick, ehe die Entscheidung fiel. Annas ganze angespannte Aufmerksamkeit war darauf gerichtet, ob sie eine Möglichkeit erspähen konnte, aus der Schlange herauszukommen. Aber es gab keine Möglichkeit. Links und rechts der Schlange auf dem Appellplatz war leerer freier Raum. Dort standen bewaffnete SS-Leute. Es wäre unmöglich gewesen, sich über die riesige Fläche, und das noch nackt, davonzumachen. Als sie sich Mengeles Tisch näherte, sah sie seine junge Assistentin. Sie kannte sie vermutlich von Großmutters erstem Auschwitz-Aufenthalt. Welcher Art diese Bekanntschaft gewesen ist, weiß ich nicht. Als nur noch wenige Frauen vor ihr standen, bemerkte sie, daß die Assistentin von Dr. Mengele sie ebenfalls erkannte und aufmerksam betrachtete. Als Anna an die Reihe kam und Dr. Mengele von seiner Liste hochblickte, sprach seine Assistentin sie an: *Ah, Frau Bartl, Sie sind ja aus Block 10…* Im nächsten Augenblick machte Dr. Mengele eine Handbewegung, und Großmutter Anna wußte, daß sie wieder einmal Glück gehabt hatte.

Block 10, sagte sie mir, sei ein Block mit deutschen Häftlingen gewesen, die nicht vergast werden sollten. Jedenfalls nicht zu diesem Zeitpunkt. Großmutter wußte sofort, welchem glücklichen Zufall sie es zu verdanken hatte, daß die junge Frau ihr auf diese Weise das Leben retten konnte. Sie verstand, welchem Detail die Aufmerksamkeit der Assistentin von Dr. Mengele gegolten hatte: Großmutter Anna trug, nackt wie sie war, ihr einziges Kleidungsstück, eine Art Hemd, über ihrem Unterarm, so daß die eintätowierte Nummer nicht zu sehen war. Die Assistentin konnte sich dadurch so verhalten, als gäbe es die Nummer nicht. Ein kleines Detail, ein Moment der Aufmerksamkeit, verbunden mit der spontanen Bereitschaft zur Hilfe, die an diesem Ort nicht unbedingt zu erwarten war, waren die Bestandteile, die sich an jenem Morgen zu dem fügten, was man Glück nennt.

Großmutters Erleichterung und ihre Dankbarkeit für diesen Moment waren noch spürbar, als sie mir ein Jahrzehnt nach dem Ereignis davon berichtete. Sie wußte sehr wohl, daß man nicht erwarten konnte, daß solche glücklichen Zufälle einfach nur geschahen. Die junge Frau und Großmutter kannten sich. Sie hatten sich wiedererkannt. Großmutter knüpfte Kontakte, wo immer sie war. Auch in Ravensbrück.

Dorthin war sie aus der Kleinen Festung Theresienstadt verfrachtet worden. Im Konzentrationslager Ravensbrück hat Großmutter Anna Tante Zdenka kennengelernt, die später meine Kinderärztin werden sollte. Zdenka gehörte zu einer Gruppe von kommunistischen Häftlingen. Sie war Ärztin und versuchte, soweit es ging, medizinisch zu helfen. Sie half auch Großmutter Anna. Die Liste der Krankheiten, die Anna in den Konzentrationslagern überlebt hat, ist lang. Ein Oberschenkelhalsbruch und Flecktyphus, in Auschwitz so etwas wie sichere Todesurteile, sind nur zwei davon.

Aber Großmutter Anna war kein Mensch, der sich in ein vermeintliches Schicksal ergeben hätte, ob es ein Bär, eine Epidemie oder Auschwitz war. Immer mobilisierte sie all ihre Kraft, ihr Wissen und ihr Können, alles, was ihr helfen konnte zu überleben. Dabei hat sie vieles gelernt und erfahren, was ihr zuvor nicht bekannt war. Irgendwann hatte sie, ich glaube, es war nach dem Flecktyphus, all ihre Haare verloren. Mithäftlinge empfahlen ihr daraufhin ein Mittel, das helfen konnte, wieder ein wahrnehmbar weiblicher Mensch zu werden, und so lernte sie, ihren Kopf mit Tüchern zu umwickeln, die sie vorher mit ihrem Urin getränkt hatte. Das Mittel half. Recht schnell sproß auf ihrer Kopfhaut weicher Flaum. Wie bei einem kleinen Kind habe das ausgesehen. Sie habe die Behandlung fortgesetzt und in kurzer Zeit wieder wie eine normale Frau ausgesehen.

Es waren vermutlich jüngere Frauen gewesen, von denen sie das Rezept erfahren hatte. Es konnte lebenswichtig sein, ob eine Frau schönes Haar oder eine Glatze hatte. Es waren Männer, die die Frauen nach Auschwitz brachten. Es waren Männer, die sie dort bewachten. Es waren Männer, die sie quälten. Es waren

Männer, die sie in den Tod schickten. Auch die SS-Frauen wurden von Männern kommandiert. Es waren auch Männer, die der einen oder anderen zuweilen ein Stück Brot zusteckten. Oder sie für einen Posten im Lager ausguckten, der sie für einige Zeit von allen Selektionen verschonen würde. Es waren Männer, die Leben retten konnten und dies gelegentlich auch taten, die dafür aber etwas haben wollten. Schöne Haare zum Beispiel.

Den jungen Frauen mit den schönen Haaren hatte Anna in Ravensbrück die Zukunft vorhergesagt. Aus Karten. Irgendwie müssen Spielkarten zu den Frauen ins Lager gelangt sein. Vielleicht waren sie von einer Frau mitgebracht worden, die nicht wie Anna und Martin in den frühen Morgenstunden von der Gestapo verhaftet und mit nichts als den Kleidern abtransportiert worden war, die sie beim Klopfen an der Tür schnell angezogen hatte. Vermutlich war die Frau, die die Karten mitgebracht hatte, aufgefordert worden, sich mit einem kleinen Koffer an einer Sammelstelle einzufinden, wo sie sich der trügerischen Hoffnung hingab, nur zur Arbeit verschickt oder umgesiedelt zu werden, wie man es ihr und hunderttausend anderen vorgelogen hatte. Beim Packen ihres kleinen Koffers mochte sie nach dem Päckchen Spielkarten gegriffen und sich gedacht haben, es könne an dem unbekannten Ort eine Gelegenheit zum Kartenspielen geben.

Das Kartenpäckchen war jedenfalls irgendwann in den Händen von Großmutter Anna gelandet. *Ein, zwei, drei: Dame. Eins, zwei, drei: König. Ein, zwei, drei: Gesundheit. Ziehen Sie mal eine Karte vom Packen und legen Sie sie verdeckt auf die Gesundheit. Da könnte ich noch etwas Genaueres sehen. Oh, oh, das sieht aber nicht gut aus. Ziehen Sie lieber noch eine. Legen Sie die auf den König. Ja, was ist denn das? Zweimal derselbe Mann? Wenn wir nicht hier wären, würde ich sagen, irgendein Mann trachtet Ihnen nach dem Leben.*

So und ähnlich, immer wieder. Liebe, Geld, Krankheit, Tod. Mann, Frau und Kind. Es sind zahlreiche Variationen, die sich da aus einigen wenigen Kartenbildern ergeben und doch immer wieder das gleiche besagen. Ängste und Hoffnungen sind damit verknüpft, Träume und Wünsche, konkrete und allgemeine. Ein, zwei, drei, eine ziehen und drauflegen. Die Spannung erhöht sich. Wird es gut? Oder bekommt man es mit der Angst zu tun? Besonders die jüngeren Frauen in Ravensbrück müssen Annas Kunst des Kartenlegens in Anspruch genommen haben. Bis Zdenka und die anderen kommunistischen Funktionshäftlinge ihr das Kartenlegen verboten. Sie mache die jungen Mädchen verrückt, haben sie gesagt, obwohl auch sie selbst sich manchmal die Karten legen ließen. Selbst Jahre später noch, als sie, Töchter und Ehefrauen der Mächtigen der Tschechoslowakischen Republik, den Sieg des Proletariats genossen. Hatte Anna die junge Assistentin von Dr. Mengele beim Kartenlegen in Ravensbrück kennengelernt? War das ihre Rettung gewesen? Ihr Glück?

Als Anna von der Kleinen Festung Theresienstadt auf die Reise nach Ravensbrück, Auschwitz und Majdanek geschickt wurde, war Martin bereits ermordet worden. Aber der Schock über seinen Tod hat sie nicht in Apathie gestürzt, hat nicht die eigene Todessehnsucht ausgelöst, den Wunsch nachzugeben, sich fallenzulassen, sich zu ergeben. Was hat sie gedacht in den Waggons, mit denen die Frauen von einem Lager ins andere verschoben wurden? Hat sie Bilanz gezogen? Hat sie an all das gedacht, was verlorengegangen war? An all jene, die sie verloren hatte?

Und wann hatte sie sie verloren? Hatte sie Martin verloren, als er von dem SS-Mann Anton Malloth zu Tode geschlagen wurde? Oder schon vorher? Als das Leben, wie sie es sich mit ihm gewünscht hatte, in Karlsbad zu Ende ging? Als sie Wohnung und Geschäft in bester Karlsbader Lage am Tag nach dem Synagogenbrand im Stich ließen und nach Prag gingen, als könnten sie dort einen Neuanfang machen: Er versteckt in der Wohnung in Prag-Podolí, sie als scheinbar selbständige Geschäftsfrau, die den Handschuh- und Galanteriewarenladen am Brückl, am unteren Ende vom Wenzelsplatz, betrieb? Auch ihre Tochter Esti hatte sie verloren, die mit Hans, Martins Sohn, vor der heranrückenden Bedrohung geflohen war. Wo war sie? Lebte sie?

Wie denkt man, den eigenen Tod vor Augen, an die Menschen, die man geliebt hat, die einem so nahe waren? Sind es geordnete Gedanken? Sind es in rascher Folge sich ablösende Bilder, Filmeinblendungen ähnlich, die einem da durch den Kopf ziehen? Wann sie Martin zum letzten Mal gesehen hat, weiß ich. Das Bild dieses letzten Moments wird sich in ihre Erinnerung eingebrannt haben. Auch der Tag, an dem sie ihre Tochter zum letzten Mal gesehen hat, steht fest: der 26. Oktober 1940. An jenem Tag reiste Esti aus Prag ab, um ihrem Mann Hans nach Shanghai zu folgen. Esti und sie würden sich, vielleicht, wenn sie beide Glück hätten, wiedersehen. War es dieser Gedanke, der sie davon abhielt, sich dem Tod hinzugeben, dessen eifrige Diener die schwarzuniformierten Männer waren? War es dieser Gedanke, der all ihre Kräfte mobilisierte?

Und hat sie in jener Zeit begonnen, nach einem ganz bestimmten Mann Ausschau zu halten? Sich jeden jüngeren Mann in SS-Uniform genau anzusehen? Hat sie gehofft, in dem Chaos von Uniformen, Rangabzeichen und Waffen ein Gesicht zu entdecken, das sie kannte? Und hat sie glauben können, daß der Moment des Erkennens ihre Rettung wäre? Wußte sie überhaupt, wie er aussah, der Mann, auf den sie – vielleicht – zu hoffen begann? Wann hatte sie ihn zum letzten Mal gesehen? Wann hatte sie das letzte Mal von ihm gehört? Woher wußte sie von seiner schwarzen Uniform?

In dem schwarzen Adreßbuch meines Vaters steht in ganz

kleiner Schrift, zwischen vielen anderen, ein Name mit der beigefügten Anschrift Klösterle. Ich denke mir deshalb, daß Hans, mein Vater, von der Existenz dieses Mannes wußte. Wußte mein Vater, welche Uniform dieser Mann trug? Ist er ihm irgendwann begegnet? Was wußte Esti, die mir in ihrem kurzen Leben nie von ihm erzählt hat? In ihren Papieren und Dokumenten findet sich kein Hinweis auf ihn. Auch in ihren Briefen findet er keine Erwähnung. Unter den Fotografien, die sie mit nach Shanghai genommen hatte und die ich in Israel erstmals zu Gesicht bekam, ist keine von ihm. Ein gesichtsloses Wesen, von dem nicht gesprochen wurde. Ein Mensch, von dessen Existenz ich erst erfuhr, als ich selber schon einen Sohn hatte. Was wußte Martin von der Existenz dieses Menschen? Wußte er von seiner Uniform – er, der in der Kleinen Festung Theresienstadt von einem Mann in ebensolcher Uniform ermordet wurde? Hatte Dora etwas von der Existenz des Mannes gewußt, dessen Name und Adresse sich im Notizbuch ihres Bruders Hans befand?

Wann immer ich an diesen Mann denke, verschwimmt erneut, was bereits Konturen hatte. Aber wenn ich die Wahrheit über meine Großmutter erfahren will, muß ich der Geschichte, dem Lebensweg des Mannes nachgehen, dessen Existenz und mein Nichtwissen darüber, wie ich heute weiß, wie eine Wolke über meinem Leben hingen, wie ein Schatten darüber lagen. Wird das Seil im Brunnen halten?

Martin, mein Großvater, den ich ebenfalls nicht gekannt habe, ist mir ganz gegenwärtig. Ich kenne Fotos, auf denen er abgebildet ist. Ich habe zahllose Dokumente, aus denen ich mir sein Leben entschlüsseln kann. Großmutter Anna hat mir viel von ihm erzählt. Ich habe Jugendfreunde meines Vaters, seines Sohnes, aus seiner Heimat Bamberg gesprochen, die mir Erinnerungen an ihn vermittelten.

Aber jenen anderen kenne ich nicht. Selbst den Mann, der

Martin ermordet hat, kenne ich besser als diesen Unbekannten, dessen Platz ich zugewiesen bekam, ohne es zu wissen und ohne die Möglichkeit, zu entscheiden, ob ich ihn einnehmen will. Es gibt wenig, woraus ich eine Vorstellung von diesem Mann ableiten könnte. Was vorliegt und mir bekannt ist, läßt unterschiedliche Deutungen zu. Ich muß mich auf mein Gefühl verlassen.

Ich habe nicht mehr viel Zeit. Die *Sea Wave* hat den Hafen von Rhodos bereits verlassen. Der nächste Hafen ist Limassol in Zypern. Danach wird kaum Zeit zum Nachdenken bleiben. Von Limassol nach Haifa ist es nur eine Nacht. Jerusalem ist weitere zwei Stunden entfernt, wenig Zeit, sich auf die Ankunft einzustimmen.

Mit Jerusalem, das ich kenne, weil ich dort in den achtziger Jahren sieben Jahre gelebt habe, verbinde ich diesmal eine neue Erwartung:

Martins und Annas Geschichte auf der Bühne soll für mich ein Schritt aus dem Nebel meiner Vergangenheit werden. Eine kühne Hoffnung – doch mit dem Blick auf ein weites ruhiges Meer, so scheint mir, werden die Erwartungen kühner als auf dem Land, wo jeder Blick und jeder Gedanke irgendwo anstoßen. Vielleicht wird die Großmutter auf der Bühne, deren Text – jedes einzelne Wort, das sie sprechen wird – ich doch kenne, ein paar neue Worte sprechen. Vielleicht wird sie, die doch nur den Text sprechen kann, den ich und Joshua Sobol ihr in den Mund gelegt haben, plötzlich extemporieren. Sie wird sagen: *Da ist noch etwas, Peter, das ich dir zu sagen vergessen habe.* Und der Schauspieler, der auf der Bühne heißt wie ich im Leben, wird sich zu ihr setzen, und sie wird reden...

Oder was erwarte ich von Jerusalem? *Hashana haba'a be Jerushalaim*, sagen die frommen Juden, nächstes Jahr in Jerusalem. Sie wollen, daß der zerstörte Tempel wiederhergestellt wird. Und dann wollen sie da sein, in der wiederhergestellten Ordnung. Kann man eine zerstörte Erinnerung wiederherstellen wie einen Tempel? Und wird dann Ordnung herrschen, wird alles an seinem Platz sein. Werden sie ihren richtigen Platz finden, all die verdrängten Empfindungen?

Vielleicht soll ich der erste sein, der sagt: *Hashana hazu be Jerushalaim.* Dieses Jahr in Jerusalem. Jetzt. Hier. Heute.

Wie könnte ich mich neu erfinden? Als einen, der mit einem Riß im Tempel seiner Erinnerung zu Rande kommen will? Alle werde ich sehen in Jerusalem: Martin, Anna, Esti und Hans, Großmutter und sogar mich selbst. Aber das Ich, das ich auf der Bühne sehen werde, wird ein Junge sein, der nichts wußte vom Unbekannten in der schwarzen Uniform. Aber jetzt, in diesem Augenblick, denke ich an jenen schmerzvollen anderen Augenblick der ersten und einzigen Konfrontation, in der wir beide, Großmutter und ich, uns 1967 gegenüberstanden und sie mir entgegenschleuderte:

«Ich habe dir nie etwas davon erzählt. Ich hatte auch einen Sohn. Ich hatte keinen Kontakt mehr zu ihm, weil er in die SS eingetreten war. Er ist von den Tschechen erschossen worden. Aber er hat einen Sohn hinterlassen, und ich habe jetzt meine Familie wiedergefunden.»

Seitdem war nichts mehr gewiß – nicht einmal das, was ich all die Jahre zu wissen glaubte.

Seit Esti gestorben war, lebte ich in der Überzeugung, daß Großmutter und ich die einzigen Überlebenden unserer Familie, ja daß wir beide nun die Familie seien – auch wenn ich mir weitere Familienangehörige wünschte und manchmal auch herbeiträumte. Ich war, so sagte sie mir, der einzige, den sie noch hatte. Nur für mich hatte sie überlebt. Um mich von Prag nach Israel zu bringen, mit mir von Israel nach Deutschland zu gehen. Und nun, weil ich es wagte, gegen ihren Willen zu heiraten und Vater zu werden, strafte sie mich mit einer anderen Familie, die sie die ganzen Jahrzehnte verschwiegen hatte.

Selbst die Dokumente und jene Fotografie, die ich nach ihrem Tod 1968 in Lugano fand, hatte ich verdrängt. Erst als ich mich auf der Spur des Mörders meines Großvaters Martin befand, stieß ich auf die so erfolgreich verdrängte Spur jenes Mannes, dessen Existenz heute so viele Fragen aufwirft: über ihn, über seine Mutter, über meine Eltern – seine Schwester Esti und seinen Schwager Hans – und Fragen über mich. Fünfzig Jahre nach seinem Tod hat seine Existenz bei mir das Gefühl hervorgerufen, in eine Falle getappt zu sein. Der Eimer ist wieder in den Brunnen gefallen. Urplötzlich erinnere ich mich daran – auch das hatte ich ja vergessen –, daß es dort neben dem Häuschen zwei Brunnen gegeben hat. Den einen, in den ich immer wieder hinabsteigen mußte, und den anderen, der von uns nie benutzt wurde. Nun scheint es an der Zeit, in den zweiten Brunnen hinabzusteigen. Ich werde versuchen, mich darin zurechtzufinden, und ich werde wieder herauskommen.

Wer war dieses in den Brunnen gefallene Kind? Der Sohn seiner Eltern? Der Enkel seiner Großeltern?

*

Im November 1944 schrieb Anna einen Brief. Diesen Brief gab mir Tante Běla, als ich sie im Jahre 1990 in Prag besuchte. Sie hatte diesen Brief die ganzen Jahrzehnte aufbewahrt, 45 Jahre lang. Es ist nicht einfach ein Brief, den eine Frau ihrer Freundin oder Bekannten kurz vor Weihnachten von einem entfernten Ort geschrieben hat. Schon sein äußeres Erscheinungsbild ist auffällig. Ein in der Mitte gefaltetes Blatt Papier von 13 Zentimetern Breite und 19,5 Zentimetern Länge. Die Ränder, sowohl auf der Längs- als auch auf der Breitseite zeigen Perforationszacken. Auf der Vorderseite ist rechts oben eine Briefmarke im Wert von 12 Reichspfennig mit rotem Hintergrund und dem Porträt Adolf Hitlers. Sie ist nicht genau in das zu diesem Zweck vorgedruckte kleine Quadrat geklebt, dafür aber ordentlich gestempelt. Als Absendeort ist im kreisrunden Poststempel der Ort Fürstenberg (Meckl.) angegeben und als Absendetag der 12. 12. 44. Da auf der Innenseite des Briefes als Datum der Niederschrift nur *November 1944* angegeben ist, sind wohl mindestens zwei Wochen vergangen, bis der Brief mit der Post zum Versand gekommen ist. Außerdem ist auf der Vorderseite des Briefes ein weiterer Stempel zu sehen – rechteckig und länglich, verblaßt, nicht mehr entzifferbar. Darunter sind mit Bleistift Name und Anschrift der Empfängerin geschrieben.

Frau
Běla Krausová
bei Zahnarzt Dr. Dvořák
Prag II
Wenzelsplatz, Palast «Koruna»
Protektorat Böhmen und Mähren.

Ebenfalls mit Bleistift ist links davon ein Kreis mit der Zahl 11 und dem Buchstaben B. In der linken unteren Ecke steht zu lesen: KL/75.4.43 5000000

Auch heute gibt es in Ämtern und Behörden die verschiedensten vorgefertigten Formulare und Vordrucke. An einer ihrer Ecken, meistens am unteren Rand, ist eine Kombination von Buchstaben und Zahlen aufgedruckt, die der Verwaltung des Betriebes die Nachbestellung und dem Papierproduzenten eine bessere Produktions- und Lieferkontrolle ermöglicht. Die Buchstaben- und Zahlenkombination ist aber auch aussagekräftig für historische oder kriminologische Analysen. Was könnten die eingedruckten Zahlen und Buchstaben auf dem Briefformular aus Ravensbrück mir sagen? Stehen die Buchstaben KL für Konzentrationslager? Die Zahl 75 dafür, daß solche Briefvordrucke in 75 Konzentrationslagern benutzt wurden? Ist 43 die Codezahl für das Konzentrationslager Ravensbrück? Und die Zahl 5000000 die Zahl der bestellten oder produzierten Briefvordrucke?

Andere Eigenheiten des Briefes aus dem KZ Ravensbrück sind viel offensichtlicher. Auf der Rückseite ist, zum Eintragen der Absenderangabe, folgendes vorgedruckt:

Meine genaue Anschrift: *Schutzhäftling* ....

Nr. .... *Block* ....

Hinter dem Wort *Schutzhäftling* ist, wiederum mit Bleistift, der Name Anna Bartlová eingetraten. In der nächsten Zeile, hinter dem Vordruck *Nr.* ist handschriftlich die Zahl 55836 und hinter dem Vordruck *Block* die Zahl 30 eingetragen. Darunter, auch mit Bleistift, wohl als präzisierte Absenderangabe, steht:

Frauen Konzentrationslager Ravensbrück
bei Fürstenberg
Mecklenburg

und dahinter ist ein Kreis mit der Zahl 3.

Großmutter Anna hat nur von Ravensbrück gesprochen. Nicht von dem Ort Fürstenberg und nicht von dem Land Mecklenburg. Ich bin mir auch nicht sicher, ob sie diese Namen und Orte damals kannte. Die Menschen in Fürstenberg und in Mecklenburg, so ist anzunehmen, wußten bestimmt vom Frauenkonzentrationslager Ravensbrück. Auch die Postbediensteten, deren Aufgabe das Abstempeln der Briefmarken auf den Briefen aus dem Konzentrationslager war, wußten davon. Ebenso die Postboten, die die von dort kommenden Briefe austrugen, mußten von der Existenz dieses und anderer Lager wissen.

In einer anderen Handschrift steht auf der Seite mit der Absenderangabe die Adresse: *Praha IV, Uvaz 22, Frant. Lenohrábek.* Auf der Innenseite des Blattes sind sechzehn punktierte Zeilen für den hineinzuschreibenden Text. In der oberen rechten Ecke eine kurze punktierte Zeile für das Datum und darunter folgender Text: *Der Tag der Entlassung kann jetzt nicht angegeben werden. Besuche im Lager sind verboten. Anfragen sind zwecklos.* Wiederum darunter, in voller Breite des Blattes, ist ein *Auszug aus der Lagerordnung* eingerückt:

Jeder Häftling darf im Monat 2 Briefe oder Postkarten empfangen und absenden. Eingehende Briefe dürfen nicht mehr als 4 Seiten à 15 Zeilen enthalten und müssen übersichtlich und gut lesbar sein. Geldsendungen sind nur *durch Postanweisung zulässig, deren Abschnitt nur Vor-, Zunamen, Geburtstag, Häftlingsnummer trägt, jedoch keinerlei Mitteilungen. Geld, Fotos und Bildereinlagen in Briefen sind verboten. Die Annahme von Postsendungen, die den gestellten Anforderungen nicht entsprechen, wird verweigert. Unübersichtliche, schlecht lesbare Briefe werden vernichtet. Im Lager kann alles gekauft werden, Nationalsozialistische Zeitungen sind zugelassen, müssen aber vom Häftling selbst im Konzentrationslager bestellt werden. Lebensmittelpakete dürfen zu jeder Zeit und in jeder Menge empfangen werden.*

Der Lagerkommandant

Die mit Bleistift geschriebenen 16 Zeilen sind nicht in Großmutter Annas Handschrift geschrieben. Ich kenne ihre Handschrift, weiß auch, daß ihr schreiben Schwierigkeiten bereitet hat. Auch ist die Sprache des Briefes nicht die ihre. Eine der anderen inhaftierten Frauen wird diesen Brief vermutlich nach Annas Angaben geschrieben haben. Vielleicht eine der Frauen, denen sie Karten gelegt hatte. Daß Großmutters Name in der tschechischen Schreibweise mit der Endung *ová* auf der Rückseite geschrieben steht, könnte bedeuten, daß die Briefschreiberin eine der tschechischen Inhaftierten war und daß Großmutter Anna, die Siebenbürger Sächsin, von ihr und anderen Häftlingen als eine der Ihren angesehen wurde. Sie schrieb also für Anna Bartl*ová* einen Brief an Běla Krausová, eine Frau, der Großmutter erstmals im Dezember 1942 in der Kleinen Festung Theresienstadt begegnet ist. Von dort wurde Anna nach Ravensbrück transportiert. Von Ravensbrück kam sie nach Auschwitz, wo es ihr, wie sie mir erzählt hat, gelang, sich in einen Transport zurück nach Ravensbrück zu schmuggeln – von wo sie zum zweiten Mal nach Auschwitz gebracht wurde.

Nach ihrer ersten Ankunft in Ravensbrück lernte sie Zdenka kennen, Ärztin und Kommunistin, die zusammen mit anderen kommunistischen Frauen die Frauen im Konzentrationslager organisierte und ihnen medizinisch soweit wie möglich half. Diese Hilfe, die auch Großmutter Anna mehrmals das Leben rettete, wurde Grundlage einer Freundschaft, die sich noch Jahre nach der Befreiung bewähren sollte. In der zweiten Zeile ihres Briefes an Běla äußert Anna die Bitte, daß Běla ihr etwas über ihr Geschäft in Prag mitteilen möge. Dann bedankt sich Großmutter Anna für die lieben Grüße, die ihr von Běla durch Emi übermittelt worden seien. Ein angekündigtes Paket sei nicht angekommen, und Anna fragt, ob es nicht abgeschickt oder ob es *in Postverlust* gegangen sei. Sie bittet dann die liebe Běla, wenn es *nur halbwegs möglich ist*, ihr zu helfen, denn: *du weißt ja, daß ich niemanden habe u. doch Hilfe brauche, denn ich habe keine Nachricht von meinen Kindern, u. mein seelischer Zustand ist nicht der beste.*

Im November 1944, im Frauenkonzentrationslager Ravensbrück, schrieb Großmutter Anna beziehungsweise ließ schreiben, daß sie von ihren *Kindern* keine Nachricht habe. Nicht von ihrer Tochter. Nicht von ihrem Sohn.

IV. Der Verrat

Der erwachsene Mann, der da in der schnell in die Nacht übergehenden Dämmerung an der Reling steht, sieht wieder den kleinen Jungen im Hafen von Shanghai. In den Jahrzehnten, die vergangen sind, seit der Junge in das wegen des verschwundenen Pakets zuerst erschrockene, dann enttäuschte Gesicht seiner Mutter sah, hat er immer mehr verloren. Irgendwann auch seine Mutter. Es scheint ihm heute, als habe er sie schon verloren, als er mit ihr im Hafen von Shanghai ein Schiff bestieg, das sie beide von dem Ort wegbrachte, an dem er geboren worden und sein Vater gestorben war.

Seine letzte Erinnerung an seine Mutter ist die an eine Kiste auf einem schmalen Gleis in einer großen leeren Halle. An der Längsseite des Raums öffnete sich eine eiserne Doppeltür, deren oberer Rand oval war. Der große Raum, in dem er vor der Kiste stand, in der, wie ihm gesagt worden war, sich seine Mutter befand, war hell und still. Die eiserne Doppeltür war klein. Wenn er sich gebückt hätte, hätte er hineinkriechen können. Als sich die beiden Türen automatisch öffneten, sah er in dem Raum dahinter rotgelbe Flammen lodern. Plötzlich setzte sich die längliche Kiste auf den schmalen Gleisen langsam in Bewegung, als würde sie von einer unsichtbaren Kraft hin zu der Öffnung gezogen. Schließlich tauchte sie ganz in das Flammenmeer dahinter ein. Nur wenige Momente dauerte es, und die Kiste war verschwunden, die eiserne Tür schloß sich, lautlos und selbsttätig, wie sie sich geöffnet hatte.

Er verlor das Gefühl dafür, daß man, was man wollte, auch bekommen und behalten konnte: Die Schokolade in einem Paket, eine Mutter, die nicht erschrickt.

*

Im November 1944 wußte Běla nur wenig über Anna. Daß Anna, zusammen mit Martin, von der Gestapo am 10. Dezember 1942 in der Kleinen Festung Theresienstadt eingeliefert worden war, wußte sie. Daß Martin dort am gleichen Tag von dem SS-Mann Anton Malloth ermordet worden war; daß Anna danach tagelang geweint hatte und nicht ansprechbar gewesen war, auch daß Anna von der Kleinen Festung Theresienstadt nach Ravensbrück weitertransportiert worden war, wußte sie. Anna wird ihr erzählt haben, daß sie in den letzten drei Jahren vor der Verhaftung ein Handschuh- und Galanteriewarengeschäft in Prag betrieben hatte. Běla mag das Geschäft sogar gekannt haben, denn es war in unmittelbarer Nähe vom *Koruna-Palast* am Wenzelsplatz, Běla Krausovás Arbeitsplatz. Darüber hinaus wußte Běla nichts von Anna. 1990 fragte sie mich, woher Anna stamme, von woher sie nach Prag gekommen sei. So wenig wußte sie. Und trotzdem habe ich von ihr Dinge erfahren, die Großmutter selbst mir nie erzählt hatte.

Die Wohnung in Prag, in die Großmutter Anna nach ihrer Rückkehr aus Auschwitz einzog, war die Wohnung, in der sie zusammen mit Martin von der Gestapo verhaftet worden war. Aus den Papieren und Dokumenten, die sie hinterließ, erkenne ich, daß sie, in Prag angekommen, zuerst unter einer anderen Anschrift untergekommen war. Von dort stellte sie Anträge bei den örtlichen Behörden, sie wieder in die Wohnung einzuweisen. Prag-Podolí, Levá ulice 606, erste Etage rechts. Dort und nirgendwo anders wollte sie wieder leben.

Als sie die Wohnung in der Levá ulice zum ersten Mal seit ihrer Verhaftung im Dezember 1942 betrat, wurde sie von Běla begleitet. Noch bevor sie die Wohnung inspizierten, ging Anna ins Badezimmer, den Raum, in dem sie zwei Jahre später die Weihnachtsgans mit den sich so wundersam vermehrenden Keulen stopfen würde. Sie trat auf den Toilettendeckel und griff mit beiden Händen nach oben. Sie hob den Deckel des massiven eisernen Wasserspülkastens ein wenig an und griff in den Kasten. Triumphierend stieg sie von der Toilettenschüssel herunter, in der rechten Hand ein wasserdicht verpacktes Päckchen. Ungeduldig öffnete sie es und atmete erleichtert auf. Ein Bündel Geldscheine kam zum Vorschein, unbeschädigt – amerikanische Dollarnoten. Noch achtundvierzig Jahre später erinnerte sich Běla an diesen Moment. Wer war diese Frau? Woher kamen die Dollars? Und – woher kam sie? Die Frau, die sie nach ihrer Einlieferung in die Kleine Festung Theresienstadt kennengelernt hatte, nötigte ihr immer wieder Bewunderung ab.

Die Möbel in der Wohnung waren noch dieselben. Ansonsten war alles verschwunden. Nichts Persönliches, keine Wäsche, keine Kleidung, Bilder, Teppiche, Fotografien oder Dokumente waren mehr da. Nichts, woran zu erkennen gewesen wäre, daß Anna und Martin bis zu jenem Dezembermorgen dort gelebt hatten. So mußte Großmutter Anna nach ihrer Rückkehr nach Prag ihre Identität amtlich neu belegen. Sie mußte Briefe schreiben, Anträge stellen und darauf hoffen, Dokumente zu bekommen, mit denen sie wieder existieren konnte. Dokumente vor allem, die sie schützen konnten vor dem, was allen drohte, die nur Deutsch oder schlechtes Tschechisch sprachen. Sie sprach ein schlechtes Tschechisch.

In der Zeit nach der Befreiung Prags und der Tschechoslowakei von den Besatzern verjagte man die in der tschechoslowakischen Republik lebenden sogenannten Volksdeutschen zusammen mit all den Reichsdeutschen, die sich in den letzten Jahren als Herren aufgespielt hatten. Viele waren umgebracht worden, ehe man den großen Rest verjagte, wie man zuvor die Soldaten nach Deutschland zurückgetrieben hatte.

Seitdem ich sie kannte, hatte Großmutter als Beleg ihrer eigenen Biographie nur Dokumente, die sie sich nach ihrer Rückkehr aus Auschwitz neu hatte ausstellen lassen. Ihren Trauschein und die Todesurkunde ihres Mannes, des Vaters ihrer Kinder; eine Bescheinigung über ihre tschechoslowakische Staatsangehörigkeit; eine Bescheinigung über ihre gesetzliche Anerkennung als *Teilnehmerin des nationalen Kampfes um die Befreiung der Tschechoslowakei*, eine Umschreibung ihrer dreieinhalbjährigen KZ-Haft. Dieses letzte Schriftstück war in jener Zeit für sie wahrscheinlich das wichtigste Dokument. Ebenso ein Schreiben des Innenministeriums in Prag vom 17. Mai 1946, in dem ihr auf Antrag bescheinigt wurde, daß auf sie als eine Person tschechischer Nationalität die Dekrete des Präsidenten der Republik vom 2. August 1945 nicht zutreffen.

Ich stelle mir vor, daß Anna in dieser Zeit neue Ängste durchlitten hat. Sie mußte fürchten, von Aufgeregten, Aufgebrachten und Aufgehetzten ergriffen und neuerlich auf eine Odyssee geschickt zu werden. Sie mag sich zur selben Zeit mit dem Gedanken getragen haben, nach Bamberg zu gehen, nach Deutschland also. Diesmal nicht in einem Viehwaggon, in den sie unter Schlägen und Drohungen hineingetrieben würde. Sie wird Frauen und Bekannte aus Theresienstadt und Ravensbrück aufgesucht und sie gebeten haben, Eingaben und Briefe in tschechischer Sprache für sie zu schreiben, für sie zu bürgen, sie in den Verband der ehemaligen Häftlinge und Widerstandskämpfer aufzunehmen und ihr einen entsprechenden Ausweis auszustellen, kommunistische Genossen im Innenministerium anzusprechen und Bescheinigungen zu besorgen, wonach Anna Bartlová, Mithäftling aus Theresienstadt und

Ravensbrück, die vielleicht nicht ganz so gut Tschechisch sprach wie andere, gerade nicht zum Kreis jener Personen gehörte, die Hitler mit Jubel zuerst in Karlsbad empfangen und dann nach Prag begleitet hatten.

Ob Běla sie in dieser Zeit gefragt hat, was aus ihren Kindern geworden war? Ihrer Tochter Esti? Ihrem Sohn Karl?

Von Esti wird Anna gewiß erzählt haben. Daß diese ihrem Mann Hans auf der Flucht vor den deutschen Nazis bis nach Shanghai gefolgt sei. Daß Anna seit dem Tag, an dem sie mit Martin, dem Vater von Hans, in Prag verhaftet worden war, noch nichts von ihr gehört hatte. Nach allem, was ich weiß, wußte Anna, als sie von Auschwitz nach Prag zurückkam, nichts über das Schicksal ihrer Tochter Esti. Sie wußte nicht, daß Hans tot war, daß Esti einen Sohn geboren hatte, sie also Großmutter geworden war. Sie wird Běla erzählt haben, daß sie die Anschrift eines Zahnarztes aus Karlsbad habe, der ebenfalls bis Shanghai geflohen war und über den sie ihre Tochter wiederzufinden oder wenigstens etwas von ihr zu erfahren hoffte. Ich denke mir, daß sie über ihren Sohn schlicht geschwiegen, ihn unterschlagen hat. Unterschlagen mußte.

Běla Krausová war in den Jahren nach ihrer Entlassung aus der Kleinen Festung Theresienstadt eine Art Kurier für den Untergrund in Prag gewesen. In den neunziger Jahren hat sie mir erzählt, daß ihre Arbeit als Gehilfin des Zahnarztes Dr. Dvořák am Wenzelsplatz es ihr ermöglicht hatte, zahlreiche Gänge in der Stadt zu unternehmen und dabei Nachrichten und Päckchen von einem Ort zum anderen zu überbringen. Auch den in Lagern Inhaftierten zu helfen gehörte zu ihren Aufgaben. Ohne jemals Mitglied der Kommunistischen Partei gewesen zu sein, hatte Běla zu den Kommunisten einen Bezug: Es war die Solidarität im Kampf gegen die Nazis. Dieser Frau konnte Anna unmöglich erzählen, daß sie einen Sohn hatte, der die schwarze Uniform der deutschen SS getragen habe.

Wurde ihr Sohn Karl Hubert auch für Anna in dieser Zeit zur Unperson? Bedeutete, über ihn nicht reden zu können, ihn verdrängen zu müssen? Oder hatte sie ihn schon früher verdrängt, ja verleugnet? Verdrängen müssen, um leben zu können, wie sie es für nötig hielt? Ahnte sie, daß die Preisgabe seiner Existenz für sie zur Bedrohung werden konnte? Sie brauchte Schutz – und der Sohn, den sie hatte und doch nicht hatte, konnte ihr keinen Schutz bieten. Er war eine Gefahr.

Die Bekanntschaft mit Zdenka und anderen Kommunistinnen, die mit ihr in Ravensbrück inhaftiert waren, sowie die eintätowierte Nummer auf ihrem Arm schützten sie. Dieser Schutz hätte gewiß nicht ausgereicht, wenn sie sich als Mutter eines jener Männer zu erkennen gegeben hätte, die in Theresienstadt, Lidice oder Prag als deutsches Herrenvolk aufgetreten waren. Ihre Situation kann ich mir vorstellen, kann verstehen, daß sie den Sohn nicht erwähnte. Ob Běla etwas ahnte? Sie hatte ja noch den Brief von Anna aus dem November 1944, in dem diese von ihren Kindern schrieb. Hat sie aus Feingefühl nicht weiter gefragt? Darauf verzichtet, von Anna Antworten auf Fragen zu verlangen, die sie mir 44 Jahre später stellen sollte: Woher Anna kam und was sie machte, ehe sie nach Prag gekommen war?

Reichte ihr damals das Wissen, daß Anna fast dreieinhalb Jahre in Konzentrationslagern gewesen war – Ravensbrück, Auschwitz, Majdanek, von der Kleinen Festung Theresienstadt nicht zu reden? War die Nummer aus Auschwitz ein Gütesiegel? Wer das hatte, brauchte nicht weiter befragt zu werden? Trotzdem muß sie gefühlt haben, daß Fragen offen waren, die eine Antwort verlangten, sonst hätte sie mir diese Fragen 1990, ein knappes halbes Jahrhundert später, nicht gestellt.

Als Běla mir 1990 diese Fragen stellte, saß ich in dem kleinen Zimmer, das sie im Altersheim in Prag-Bohnice bewohnte. Aus ihren Unterlagen suchte sie den Brief, den sie Ende 1944 von Anna aus Ravensbrück erhalten hatte. Sie übergab ihn mir mit einer Geste, als wolle sie sagen, sie habe ja nun nicht mehr viel Zeit. Doch in der kurzen Zeit, die ihr noch verbleiben sollte, konnte ich der Neunzigjährigen keine Antworten auf ihre Fragen mehr geben. Ich erinnerte mich, wie ich 1968 in Großmutters Wohnung in Lugano ihren Nachlaß gesichtet hatte und wie sich mir dabei ganz ähnliche Fragen gestellt hatten: Wer war diese Frau?

1967 hatte sie mir bei einem meiner Besuche unvermittelt mitgeteilt, sie habe beschlossen, nach Lugano zu ziehen. Wenn auch manches diese Entscheidung verständlich erscheinen ließ, überrascht hat sie mich trotzdem. Großmutter war 76 Jahre alt und litt an den Folgen zahlreicher schwerer Krankheiten. Mir erschien die Vorstellung, daß sie wiederum, diesmal allein, von einem Land in ein anderes ziehen würde, erschreckend. Ich wußte nicht, ob ich ihren Entschluß als eine Art Resignation oder Rückzug oder als Ankündigung eines neuen Kampfes, einer neuen Zielsetzung einordnen sollte. Wahrscheinlich war es das letztere. Wenn sich nach all den Jahrzehnten ihre Erwartungen und Wünsche an den Sohn, der ich nicht sein konnte, schon nicht erfüllt hatten, dann wollte sie zumindest den langgehegten Wunsch eines Lebensabends in der Schweiz in die Tat umsetzen. Ich konnte nur bedauern, daß nun eine derart große räumliche Entfernung zwischen uns liegen würde.

Erst kurz zuvor hatte sie sich bereit erklärt, zum ersten Mal ihren Urenkel, meinen Sohn, zu sehen. Ich hatte mir Hoffnungen gemacht, sie würde meine Entscheidung, zu heiraten und eine Familie zu gründen, jetzt akzeptieren. Ich hatte gehofft, daß der durch meine Entscheidung eingetretene Bruch nun langsam heilen würde: Phantasien und Wunschvorstellungen von einem harmonischen Familienleben. Ich hatte völlig verdrängt, daß Großmutter mir im selben Jahr den Satz, sie hätte nun *«ihre Familie gefunden»*, entgegengeschleudert hatte. In meine Wunschvorstellungen von einer heilen Welt war diese Familie nicht einbezogen.

Anna war also nach Lugano in die Schweiz gezogen, wo ich sie dann einige Male besuchte – bis eines Morgens in meiner Kölner Wohnung das Telefon klingelte. Ein Polizeibeamter aus Köln machte mir die *«traurige Mitteilung»*, meine Großmutter, Frau Bartl, sei in Lugano verstorben. Er forderte mich auf, mich bei der Polizeibehörde in Lugano zu melden. Wortlos legte ich den schweren schwarzen Telefonhörer auf.

Ich konnte den Raum, in dem ich stand, nur noch durch einen sich verdichtenden Nebel wahrnehmen. Was in all den Jahren mit Großmutter Anna auf mir gelastet hatte, befreite sich in einem Schrei, der aus mir herausschoß – ein einziger ununterbrochener, anschwellender tierischer Laut, der erst nach langer Zeit in kurzes, heftiges Schluchzen überging. Ängste, die in Shanghai begonnen hatten, wurden an die Oberfläche geschwemmt. Hoffnungen und Wünsche, die in Prag begonnen hatten, schienen endgültig zunichte. Ich fühlte mich dem Alleinsein und der Unwissenheit ausgeliefert. Ich konnte ihnen nicht mehr entgehen.

Am selben Tag fuhr ich nach Lugano. Beim Aufräumen, Packen und Sichten von Großmutters Sachen stieß ich auf Unterlagen und Fotos, die ich nicht kannte. Da war der Brief aus dem Jahre 1964, den sie an das Rote Kreuz geschrieben und in dem sie um Auskunft über das Schicksal von Karl Bartl gebeten hatte sowie um Mitteilung darüber, ob er Nachkommen hinterlassen habe. Die Art, wie sie die Frage gestellt hatte, beinhaltete bereits die Annahme, daß ihr Sohn tot sei. Lag es nicht nahe, daß ein junger Deutscher, der in den Jahren 1938 bis 1945 in einer deutschen Uniform gesteckt hatte und von dem es in den Jahrzehnten seither kein Lebenszeichen gab, mit größter

Wahrscheinlichkeit nicht mehr zu den Lebenden zählte? Daß er zu den 50 Millionen Toten zu zählen war, die diese Ära hinterlassen hatte? Oder spiegelte sich darin ihr persönliches Gefühl, dieser Sohn könne gar nicht anders als tot sein? Sie, seine Mutter, hatte ihn vor den Übeln der Zeit nicht bewahrt. Er war nicht bei ihr gewesen, sie war nicht bei ihm geblieben.

Der Brief des Roten Kreuzes an Frau Anna Bartl, in dem ihr mitgeteilt wurde, daß ihr Sohn am 26. Mai 1945 auf dem Marktplatz von Kaaden von Tschechen erschossen worden war, lag der Anfrage bei. Diese Antwort enthielt die Angabe, auf die es Großmutter wohl hauptsächlich angekommen war: Namen und Anschrift der Familie ihres Sohnes.

Ich fand zwei Fotografien: Eine aus den letzten Jahren, die sie wohl im Kreise *ihrer* Familie zeigte, und die Fotografie eines jungen Mannes in deutscher Uniform aus der Zeit des Dritten Reiches, von der ich denke, daß sie eine Abbildung ihres Sohnes Karl ist. Ferner fand ich die Originale ihrer Heiratsurkunde und des Geburts- und Taufscheins von Karl Hubert Bartl. All diese Belege ihrer Biographie und ihrer Mutterschaft hatte sie in der Zeit, in der ich alleine mich als *ihre Familie* wähnte, nicht besessen.

Ich fand einen Brief der Witwe ihres Sohnes Karl, der an mich gerichtet war und den ich nie erhalten hatte. Später sollte ich auch einen Brief seines Sohnes, meines Vetters Walter, in der Hand halten. Mit all dem mußte ich mich beschäftigen.

In Großmutters Zweizimmerwohnung in Lugano stellte ich mir die Frage, weshalb Großmutter, nachdem sie nun *ihre* Familie gefunden hatte, die sie doch so viele Jahre, ja ganze Jahrzehnte nicht einmal gesucht hat, nach Lugano gezogen war. Weg, nicht nur aus meiner Nähe, sondern auch weg von ihrer *wiedergefundenen* Familie.

Als Großmutter mir beim Brunnen in Kfar Samir die Geschichte von ihrer und Martins Verhaftung in Prag erzählte, hatte ich ihr in jugendlicher Neugier, angefeuert durch die Lektüre zahlreicher Abenteuer- und Kriminalgeschichten, die Frage gestellt, woher die Gestapo gewußt hat, daß sie Martin in der Wohnung in Prag-Podolí versteckt hielt. Wer sie verraten habe? Großmutter antwortete, sie wisse das nicht. Sie äußerte die Vermutung, es könne ein Lehrmädchen im Geschäft gewesen sein. Ich stelle mir heute die Frage, warum sie nach der Befreiung aus dem KZ nicht selbst versucht hat, eine Antwort zu finden. Aus Furcht? Hatte sie Angst, etwas zu erfahren, was sie nicht wissen wollte? Oder Angst, mit den anderen Deutschen aus dem Land vertrieben, wieder in einen Viehwaggon gepfercht und in eine neue Ungewißheit geschickt zu werden?

Ich habe keinen Versuch unternommen, selbst eine Antwort auf die Frage zu finden, wer Anna und Martin verraten hat. Beim Versuch, einer anderen Frage nachzugehen, hätte sich eine Antwort aber aufdrängen können.

Ich wollte feststellen, ob die Ermordung meines Großvaters Martin gleich nach seiner Einlieferung in der Kleinen Festung Theresienstadt sozusagen auf höheren Wunsch stattgefunden oder ob sein Mörder aus eigenem Antrieb gehandelt hatte. Mir war gesagt worden, daß trotz der Vernichtung der meisten Unterlagen einige der Akten der Gestapo Prag noch erhalten seien. Es hieß, daß auf den Aktendeckeln häufig die Buchstaben RU prangten, *Rückkehr unerwünscht.* Was ich fand, waren einzig zwei Blätter, die wohl ein Auszug aus dem Tagebuch des Gestapogefängnisses in Prag waren. Diesem Auszug konnte ich entnehmen, wann und in welche Zellen des Gestapogefängnisses Anna und Martin in Prag gebracht worden waren – aber nicht, wer sie denunziert hatte.

Ich merke, daß ich mich mäanderhaft vor der Konfrontation mit der Person dieses Karl Bartl drücke. Ist das ein Zeichen dafür, wie schwer es ist, Verdrängungen aufzubrechen, das Verdrängte klar zu erkennen und auszusprechen, oder ist es die Angst vor Schlußfolgerungen und Konsequenzen?

Großmutter hat mich zuerst getäuscht, indem sie mir die Existenz ihres Sohnes verheimlichte. Als sie mir die Tatsache seiner Existenz ohne jede weitere Erklärung und Auseinandersetzung entgegenschleuderte, überließ sie mich den Folgen dieser Täuschung. Großmutters Unterlagen und meine Erinnerungen sind das einzige mir zur Verfügung stehende Material für den nunmehr unumgänglichen Versuch, mich dem Menschen Karl Hubert Bartl anzunähern. Für den Versuch, mir sein Leben und seinen Tod vorzustellen.

Karl Hubert Bartl wurde am 13. Dezember *im Jahre des Heils Eintausend neunhundert vierzehn* in der Gemeinde Karvín geboren. So steht es im Geburts- und Taufschein des katholischen Pfarramtes in Karvín vom 9. Juni 1919. Karl Hubert Bartl war der Sohn meines mir unbekannten Großvaters Josef Bartl und meiner Großmutter Anna Bartl geborene Kraft.

Wie war sein Lebensweg, beginnend am 13. Dezember 1914, dem Tag seiner Geburt, und endend an jenem 26. Mai 1945, als er auf dem Marktplatz der ehem. königlichen Stadt Kaaden a. d. Eger in einem Kugelhagel zusammenbrach?

Zwei Fotografien liegen vor mir auf dem Tisch. Die eine zeigt meine Mutter Ernestine, Karls Schwester, geboren am 1. Juli 1913, ebenfalls in Karvín. Die andere, die ich im Nachlaß von Großmutter Anna in Lugano gefunden habe, zeigt einen jungen Mann in deutscher Uniform. Ich sehe die Fotografien immer wieder an, versuche, beide mit einem Blick zu erfassen. Dann wieder betrachte ich jedes Bild für sich, bestrebt, die Einzelheiten des einen Bildes auch im anderen zu finden. Ich entdecke Ähnlichkeiten in der Physiognomie beider Gesichter – in Mund, Nase, Ohren und Kinn. Es ist besonders die

Ähnlichkeit der Augen, die meine Aufmerksamkeit erregt. Mich beeindruckt eine nachdenkliche Traurigkeit beider Augenpaare, die so gar nicht zu den jungen Gesichtern zu passen scheint. Mir fällt aber auch, bei aller Ähnlichkeit, ein Unterschied auf. Während die Augen meiner Mutter in die Kamera blicken, direkt auf den Betrachter des Fotos, schaut der junge Mann in Uniform links an der Kamera vorbei wie in eine weite Ferne. Sein Gesicht wirkt kleiner als das von Esti, meiner Mutter. Und obwohl seine Schwester nur ein gutes Jahr älter war als Karl und seine Fotografie aus den vierziger Jahren stammen müßte, während das Bild meiner Mutter etliche Jahre früher aufgenommen worden sein dürfte, wirkte er auf der Fotografie beträchtlich jünger. Beinahe noch wie ein Junge. Ein verlassener, einsamer kleiner Junge.

Noch etwas verunsichert mich. Ich sehe die Uniformjacke des jungen Mannes, sehe vor allem die Schirmmütze, die er leicht nach rechts geneigt auf dem Kopf trägt. Es ist eine Fotografie, wie sie wohl hunderttausend-, wenn nicht millionenfach jahre- und jahrzehntelang in deutschen Wohnzimmern an den Wänden hingen oder auf Schreibtischen, Nachtschränkchen und Wohnzimmerkommoden aufgestellt waren. Bilder junger oder älterer Männer in Wehrmachtsuniform waren häufig das letzte und einzige, was Müttern, Ehefrauen und Kindern von ihren in die Schlachten geschickten Söhnen, Männern und Vätern übriggeblieben war. Immer wieder habe ich auf solchen Fotos diesen abwesend wirkenden, in die Ferne gelenkten Blick gesehen, so wie auf dem Bild des jungen Mannes, den ich für den Bruder meiner Mutter halte.

Auf der Schirmmütze prangt kein Totenkopf. Obwohl es sich um eine Schwarzweißfotografie handelt, ist klar erkennbar, daß die Uniform nicht aus schwarzem Stoff ist. Ich habe in mehreren Fachbüchern mit Abbildungen von Uniformen aus der Zeit des Dritten Reichs geblättert. Die Uniform auf dem

Foto ist die eines einfachen Wehrmachtssoldaten. Auf der Schirmmütze und über der Klappe der rechten Brusttasche ist der bekannte Reichsadler, unter dessen Klauen sich in einem runden Kreis das Hakenkreuz befindet. Beide sind mit einem Stift durchgestrichen, als habe jemand mit einem kleinen Strich die Vergangenheit auslöschen wollen.

Ich war noch nicht lange in Deutschland, als ich zum ersten Mal erlebte, wie versucht wurde, mit einem kleinen Strich die Vergangenheit auszulöschen, die Wirklichkeit umzuinterpretieren. Das war zu der Zeit, als Herr Tuchler aus Israel seine alte Bekannte Frau Dr. Louise Diel, ehemals Mitglied der Reichsschrifttumskammer, nunmehr unsere Vermieterin, besuchte und mich nach unseren Wiedergutmachungsangelegenheiten fragte. Ich hatte, als junger Student ohnehin mit dem Anschaffen und Lesen von Büchern beschäftigt, auch solche Bücher besorgt, von denen ich annahm, sie könnten mir behilflich sein, mich in diesem Land der Gesetze, Vorschriften, Dokumente und Stempel zurechtzufinden. Eines davon enthielt den Text des Bundesentschädigungsgesetzes. Unter den in diesem Gesetz aufgeführten Paragraphen besagte einer, daß Rückkehrer einen Anspruch auf eine Soforthilfe von 5000 Mark hätten.

Also suchte ich die deutschen Pässe meiner Eltern heraus, meine Geburtsurkunde und meine deutsche Einbürgerungsurkunde, um die ich von Israel aus ersucht hatte, weil meine Eltern deutsche Staatsbürger gewesen waren. Auf meinen Fußwegen durch Freiburg hatte ich das Schild des örtlichen Wiedergutmachungsamtes entdeckt. Ich ging mit meinen Dokumenten hin und stand bald vor dem Schreibtisch eines Beamten. Ich trug ihm vor, ich sei als Kind deutscher Eltern, die vor dem Nationalsozialismus geflohen waren, nach Deutschland gekommen. Nun wolle ich die im Bundesentschädigungsgesetz vorgesehene Soforthilfe für Rückwanderer beantragen.

Meine Eltern hätten auf ihrer Flucht vor den Nazis eine große beschwerliche Reise auf sich genommen, bis nach Shanghai. Dort sei ich geboren, kurze Zeit danach sei mein Vater gestorben, und auch meine Mutter hätte die Zeit des Nationalsozialismus nicht lange überlebt. Nun aber sei ich in Deutschland, und meine deutsche Staatsbürgerschaft und mein Recht auf Rückkehr nach Deutschland seien anerkannt. Die Dokumente, die zum Beweis der Berechtigung meines Anspruchs nötig seien, hätte ich mitgebracht.

Der Beamte lächelte mich über seinen Schreibtisch hinweg an und meinte, ich solle ihm die mitgebrachten Dokumente zeigen. Als ich ihm die deutschen Reisepässe meiner Eltern vorlegte, blickte er diese sehr interessiert und aufmerksam an, blätterte sie durch und staunte über all die fremden Visa und Stempel, die darin zu sehen waren und die lange Flucht meiner Eltern belegten. Dann griff er zum Kugelschreiber und zog, auf- und abwärts, von links nach rechts, Striche durch das auf dem Reisepaß meines Vaters aufgedruckte Hakenkreuz. Das gelte ja heute nicht mehr, sei verboten. Ich erinnere mich noch des Gedankens und des ihn begleitenden Gefühls, daß dieser Mann dort, der mich so freundlich angelächelt hatte, gerade ein Stück Wirklichkeit mit einem kleinen Strich ausradiert hatte. Und daß er das nicht hätte tun dürfen. Ich hatte ein Unwohlgefühl, das sich als berechtigt erweisen sollte. Ebenso freundlich, wie er zuvor gelächelt hatte, ließ er mich wissen, daß meinem Anspruch auf Soforthilfe für Rückkehrer nicht entsprochen werden könne, denn obwohl das, was ich vorgetragen habe, stimme, sei ich eben nicht in Deutschland geboren und könne daher keinesfalls Rückwanderer sein. Er könne, sollte ich den Antrag schriftlich stellen, gar nichts anderes tun, als ihn abzulehnen. In Deutschland herrsche wieder Recht und Ordnung. Ich könne aber, wenn ich wolle, gegen seinen ablehnenden Bescheid bei Gericht klagen.

Ich habe geklagt. Ich hatte mir keinen Anwalt genommen, weil mein Gefühl für Recht mir sagte, Richter könnten gar nicht anders, als die Wirklichkeit erkennen und entsprechend urteilen. Daß ich nicht in Deutschland, auf deutschem Boden geboren war, hatte ja seinen Grund. Und nun war ich nach Deutschland zurückgekehrt, in das Land, aus dem meine Eltern in ihren Tod gejagt worden waren. Dabei hätte ich Hilfe gebrauchen können. Soforthilfe. Aber die Richter des Freiburger Gerichts wiesen meine Klage zurück. Sie waren die ersten, die mir nahebrachten, daß Rückkehrer nicht wirklich gewollt waren. Obwohl jener Paragraph im Gesetz das Gegenteil suggerierte. Es sollte nicht das erste Mal sein, daß ich mich über Entscheidungen deutscher Richter wundern würde.

Wieder und wieder schaue ich auf die vor mir liegende Fotografie. Zwei Auszeichnungen auf der Jacke des jungen Mannes geben Auskunft über militärische Tatbestände und stellen einen Zusammenhang her mit dem Träger dieser Dekoration. Mir sagen sie wenig. Viel mehr sagt mir, was ich in einem Brief von Walter, dem Sohn von Karl Bartl, meinem Vetter, gelesen habe, wonach sein Vater 1943 *verwundet als Soldat aus dem Krieg* kam. *«Er hatte seinen linken Arm verloren.»*

Ich betrachte aufmerksam den linken Jackenärmel des abgebildeten jungen Mannes. Die rechte Körperseite ist der Kamera stärker zugewandt, die linke verschwindet ein wenig im dunkleren Hintergrund. Auf dem rechten Ärmel, von unterhalb der Schulter bis zum Ellenbogen, sehe ich ein halbes Dutzend Falten. Ansonsten wirkt der Ärmel normal ausgebeult. Am linken Ärmel entdecke ich nur zwei Falten unterhalb der Schulter. Ich glaube zu erkennen, daß der Rest des Ärmels, soweit auf der Fotografie sichtbar, hohl ist.

Vor mir liegt die Fotografie eines deutschen Soldaten, der seinen linken Arm verloren hat. Ja, ich kann mich auf mein

Gefühl verlassen: Der blonde junge Mann ist Karl Hubert Bartl. Karl Hubert Bartl, der Sohn meiner Großmutter Anna. Der Bruder meiner Mutter Esti und – ich merke, wie schwer es mir fällt, es niederzuschreiben – mein Onkel.

Wenn ich mich in Kfar Samir in den Brunnen herablassen mußte, habe ich mir manchmal eine ganze Familie, mitsamt ihrer Geschichte, zusammengeträumt. Meiner Phantasie dienten dabei als Vorlagen Menschen, die ich von den von meiner Mutter hinterlassenen Fotografien kannte, von denen ich aber nicht wußte, wer sie waren. Sie spielten dann eine geheimnisvolle Rolle in einer von mir ersonnenen, wohl auch erwünschten Geschichte. An deren Ende war ich wechselweise entweder mit einem steinreichen oder einem heldenhaften Vater beglückt, dem es nach und nach, nachdem er alles Furchtbare überlebt hatte, gelungen war, seine ganze Familie wieder zusammenzubringen.

In solchen Phantasien habe ich mir Eltern erträumt, nahe und entfernte Onkel und Tanten, manchmal Geschwister. Sie waren über die ganze Welt verstreut, jeder an einem anderen fernen Ort. Städte und Länder aus Abenteuerbüchern kamen mir in den Sinn. Großmutter Anna verwandelte sich in meinen Träumen manchmal zu einer Art treuen Amme, die mich im Auftrag meines Vaters pflegte und aufzog, der es aber bei Androhung schwerster Strafen verboten war, mir die Wahrheit über mich und meine Familie zu sagen, weil sie damit irgendwelche zu hütende Geheimnisse verraten könnte. Dann wieder wurde sie zu einer bösen Amme, die mich am geheimen Ort versteckt hielt, während mein mich suchender Vater auf unserer Fährte war und näher rückte. Die verschiedenen geheimen Missionen, die mein Vater hatte erfüllen müssen, waren längst erfüllt, der Krieg aber hatte derweil die Seinen von dem sicheren Ort, an dem er sie wähnte, vertrieben und in jeweils eigene

Abenteuer gestürzt. Und nun saß ich mit Großmutter Anna am Brunnen eines vermeintlich ehemals palästinensischen Dorfes zwischen Meer und Carmelberg und wartete, daß mein Vater mich finden und retten möge.

Diese Geschichten spielten bemerkenswerterweise in verschiedenen geschichtlichen Epochen, die sich, ganz gegen jede Logik, auch innerhalb eines einzigen Traumes ablösen konnten. Der Vater, den ich mir wünschte, brauchte zum Beispiel das Mittelalter, um ein furchtloser Ritter sein zu können. Dann wieder mußte er in einer Art Zeitreise als Barpianist, der in Wirklichkeit ein Spion war, aus dem Mittelalter in die Neuzeit wirbeln. Das alles ging bei mir heftig durcheinander, ohne daß ich meinen roten Faden jemals verlor.

In allen diesen Vorstellungen aber fand ich mich, wenn endlich der wunderbare Moment der Zusammenführung stattgefunden hatte, als eine Art Kronprinz mit allen anderen Familienangehörigen, die mir nach und nach vorgestellt wurden, vereint. Geschwister, Vettern und Cousinen, Tanten und Onkel waren dabei – und von allen wurde ich, der verlorene und wiedergefundene Sohn, bejubelt und gefeiert.

Jahrzehnte später ist es eine ganz andere Geschichte, der ich auf die Spur komme. Es ist nicht die Spur eines Vaters, auf der ich mich befinde – eines Vaters, den ich genausowenig wiederfinden konnte wie mein Vetter Walter seinen einarmigen Vater –, dennoch ist es eine Spur, die über Großmutter Anna hinausführt. Aber es ist nicht die erhoffte wundersame Familienzusammenführung, bei der alle Beteiligten glücklich sind.

Es ist eher so etwas wie ein Alptraum. Denn nicht mein heldenhafter Vater hat mich wiedergefunden, sondern ich bin nun dabei, den Bruder meiner Mutter zu finden, von dessen Existenz ich lange nicht gewußt habe. Dabei wirbeln, wie in den Phantasien des Jungen, die Bilder derjenigen, die ich bereits kenne, durcheinander. Ihre Rollen verändern sich.

Hatte Anna, bis sie verhaftet wurde, je ein Foto ihres Sohnes Karl besessen? Ihre Tochter Esti hatte zahlreiche Fotografien nach Shanghai mitgenommen und von dort Jahre später wieder nach Prag gebracht. Ich habe sie oft angeschaut – Fotos aus ihrer Jugend, von Anna und von Martin. Vor Uniformierten war sie bis nach Shanghai geflohen. Ein Foto des jungen uniformierten Karl war nicht in ihrem kleinen Besitz. Sicher nicht deswegen, weil sie hätte fürchten müssen, es könnte ihr zur Gefahr werden. Das hätte, nach Krieg und Befreiung, für ihre Mutter der Fall sein können, wenn eine ihrer mitbefreiten Kameradinnen aus dem KZ es in Prag zu Gesicht bekommen hätte.

Hatte Esti so wenig Interesse an ihrem Bruder, daß sie keine Erinnerung an ihn mitgenommen hat? Er ist auch auf keiner Fotografie zu sehen. Wo war er in der Zeit?

Karls Sohn Walter hatte in einem Brief geäußert: *Sie* (Großmutter Anna) *hat ja meinen Vater schon als Kind an ihren kinderlosen Schwager gegeben.* Ist das eine Erklärung? Und reicht sie aus?

Ich greife nach dem Trauschein von Anna aus dem Jahr 1912 und dem Geburts- und Taufschein von Karl Hubert aus dem Jahr 1919. In beiden Dokumenten entdecke ich den Namen des mutmaßlichen Schwagers von Großmutter Anna – als Trauzeuge bei ihrer Heirat und als Pate ihres Sohnes. Auf dem Trauschein von Anna lautet sein Vorname Franz. Auf dem Geburts- und Taufschein von Annas Sohn lautet er Karl, wie auch der Sohn genannt wurde. Auf allen Dokumenten aber sind derselbe Beruf und Wohnort angegeben. Annas Schwager, der Bruder ihres Mannes Josef, war Finanzoberaufseher in Karlsbad. Mir fällt, ganz nebenbei, auf, daß auf dem Trauschein die Bezeichnung für die beiden Trauzeugen, der zweite war ein Josef Kurka, Hotelier in Karvín, *Beistände* lautet. Ein Beistand ist einer, der einspringt, hilft und unterstützt.

Das auffälligste für mich ist die Tatsache, daß das Original des Geburts- und Taufscheins des Karl Hubert Bartl, der am 13. Dezember 1914 geboren wurde, erst am 9. Juni 1919 ausgestellt wurde. Das war beinahe fünf Jahre nach seiner tatsächlichen Geburt, und es war knapp zwei Jahre nach dem Tod seines und Estis Vaters am 15. September 1917 in Karvín.

Mir fällt Großmutters Geschichte von der Epidemie ein, die nach dem Ersten Weltkrieg grassierte, und wie sie sie überlebt hatte. Als sie mir die Geschichte erzählte, wußte ich nicht, daß sie zu dieser Zeit nicht nur die Mutter von Esti, sondern auch Mutter eines Sohnes war. Ich hielt meine Mutter Esti selbstverständlich für ihr einziges Kind. Ich war doch auch ein einziges Kind. Anna aber war Mutter auch eines Jungen. Eines Jungen, der, als sie ihn weggab, etwa im gleichen Alter war wie ich, als ich, aus Shanghai kommend, ihr zufiel.

Ich sehe mir wieder die Fotografie des einarmigen Soldaten Karl Hubert Bartl an. Die Lackschirmmütze verdeckt seinen Kopf. Ich kann keine Haare sehen, außer einem knappen, hellen Haaransatz neben seinem rechten Ohr. Er wird blond gewesen sein wie meine Mutter. Er hat, wenn man das so sagen kann, ein blondes Gesicht.

Die Geschichte, wie Großmutter der Epidemie und dem Tod ein Schnippchen geschlagen hat, hat sie in den Jahren unseres Zusammenlebens, wie alle anderen Geschichten, die sie mir von sich erzählte, oft wiederholt. Sie hat diese Geschichte mit der Auflösung und dem Ende der Habsburger Monarchie in Verbindung gebracht. Mit dem Ende der *guten alten Zeit*, des *gütigen und klugen* Kaisers Franz Joseph. Mit dem *Verrat* der Tschechen an ihm. Nur in dieser Zeit konnte auch so etwas wie diese Epidemie entstehen.

Auch nach Theresienstadt waren Großmutter Anna und Großvater Martin auf Grund eines *Verrats* gekommen. Das Wort *Verrat* hatte seine Bedeutung in Großmutters Leben.

Karl Huberts Sohn Walter, der andere Enkel meiner Großmutter, warf dieser vor, sie habe seinen Vater, ihren Sohn Karl, *verraten: Ihr schien schon damals wenig an ihm zu liegen.* Hat ihm jemand das gesagt? Wer hat ihm davon erzählt? Wer hat ihm die Lebensgeschichte seines Vaters erzählt? Seine Mutter, als sie versuchen mußte, dem Vaterlosen ein Bild seines Vaters zu zeichnen? Ihm einen Eindruck davon zu vermitteln, wer dieser Vater gewesen war?

Hatte Anna Karl *verraten*? Sein Sohn Walter ist offensichtlich dieser Meinung. Welche Gefühle hatte er gegenüber dieser Großmutter, die Jahrzehnte nach seiner Geburt so plötzlich in sein Leben trat? Hatte er die Gefühle, von denen er meinte, sein Vater müsse sie gehabt haben? War Großmutter Anna in den sechziger Jahren für ihn eine Erscheinung aus einer anderen Zeit, die er ohne großen Gefühlsaufwand betrachten konnte?

Ich will nichts beurteilen, was ich nicht beurteilen kann.

Muß ich meine Ahnungen im Licht eines neuen Wissens demontieren, Zu- und Abneigungen umverteilen? Muß ich am Ende Partei ergreifen?

Solche Ängste sind es, die in mir immer wieder den Reflex auslösen, mich zurückzuziehen, kein weiteres Wissen an mich heranzulassen. Dann spüre ich mein Herz klopfen wie vor dem Einstieg in den Brunnen in Kfar Samir. Und willig steige ich nun hinab. Diesmal in den zweiten Brunnen. Es wird schon gutgehen!

*

Karl Huberts Vater, der Fotograf Josef Bartl in Karvín, mein zweiter Großvater, den ich auffälligerweise nie so nenne, stammte aus Klösterle unweit von Karlsbad, wo er am 18. Februar 1882 geboren wurde. Er war also fast 10 Jahre älter als

Anna, das Mädchen aus Siebenbürgen. Fotograf war zu jener Zeit wohl ein relativ neuer Beruf. Josef Bartl dürfte also ein Mann gewesen sein, der nicht unbedingt am Überkommenen hing und offen für Neuerungen war. In Karvín machte er einen Fotoladen auf, damals sicherlich nichts Alltägliches.

Auf der Rückseite von Großmutters Trauschein bestätigen zwei Stempel des Bezirksgerichts Kaaden, daß ein Beschluß vom 29. Januar 1914 am folgenden Tag im Grundbuch des Bezirksgerichts eingetragen worden ist. Ich denke mir, daß Josef Bartl seine junge Frau Anna ganz oder teilweise als Eigentümerin seines Grundbesitzes hat eintragen lassen, vielleicht des Hauses, in dem sie gelebt haben, oder des Fotogeschäfts. Das war ein halbes Jahr nach der Geburt meiner Mutter Esti und ein halbes Jahr vor Ausbruch des Ersten Weltkrieges.

Estis Vater war die meiste Zeit abwesend. Anfangs bedingt durch die Arbeit in seinem Fotoladen, dann, weil er für Kaiser und Vaterland zum Militär eingezogen wurde. Anna, seine Frau, inzwischen schwanger mit einem zweiten Kind, mußte im Laden einspringen, ihn vermutlich an Stelle ihres Mannes selbständig führen.

Die Jahre des Ersten Weltkrieges müssen Jahre eines umfassenden persönlichen Zusammenbruchs für Anna gewesen sein. Vier Monate nach dem Ausbruch des Krieges erfolgte die Geburt ihres Sohnes, wohl in Abwesenheit des auf dem Felde der Ehre sich zwangstummelnden Vaters; die Arbeit im Fotoladen ihres Mannes ging weiter, und nach und nach dürfte Anna die Erkenntnis gedämmert haben, daß der Krieg andauern und sein Ausgang immer ungewisser werde.

Der schlimmste Schock für sie war der Heilige Abend des Jahres 1916. Sie hat mir oft den Verlauf geschildert, obwohl ich gerade diese Geschichte sehr ungern hörte. Ich sah das schwache Licht der Petroleumfunzel in unserer Einraumhütte in Kfar Samir, und vor mir erstand der erleuchtete Weihnachtsbaum im winterlichen Mähren. Aber das war auch das einzig Helle an dieser Geschichte.

Josef hatte für die Weihnachtsfeiertage Urlaub bekommen. Anna hatte gebacken, gekocht und den Baum geschmückt. Sie freute sich auf das gemeinsame Weihnachtsfest. Josef hatte mit Genuß gegessen und dem Alkohol zugesprochen. Während er, bequem im tiefen Sessel sitzend, vom Krieg erzählte, veränderte sich seine Stimme. Anna hielt das für eine Folge des Alkohols, merkte aber bald, daß sich auch der Inhalt seiner Rede veränderte. Josef redete wie im Fieber. Ja, er delirierte. Anna bekam Angst, legte ihm kalte Tücher auf die Stirn, zog ihn aus und brachte ihn zu Bett. Dann rieb sie, wie sie es später auch für mich tun sollte, Kartoffeln, füllte sie in Tücher und legte ihm Fußwickel gegen das Fieber an. Besorgt ging sie zu Bett und schlief erst ein, nachdem auch er eingeschlafen war.

Am nächsten Tag, Josef stand noch etwas benommen auf, zog er sie ins Vertrauen. Sein Gehirn habe sich entzündet. Die späte Folge einer bösen Krankheit, die er sich als junger Mann zugezogen hätte – als er sich die Hörner abgestoßen habe, wie er sich ausdrückte. Er sei damals in ärztlicher Behandlung gewesen, aber diese habe offensichtlich nicht angeschlagen. Sie müsse sich darauf gefaßt machen, daß er nicht mehr allzu lange leben werde. Ein halbes Jahr später war Josef, Annas Mann, der Vater von Esti und Karl Hubert, tot.

Auf seinem Totenschein ist der 15. Juni 1917 als Todestag eingetragen. Als Todesursache ist *Paralysis progressiva* vermerkt. Drei Tage später wurde er auf dem städtischen Friedhof der Stadt Opava beerdigt. Josef Bartl war nicht zu Hause gestorben. Als Todesort ist die Anschrift Olomoucká-Straße Nummer 88 in der Stadt Opava angegeben. Ich weiß nicht, ob das die Anschrift einer Wohnung, eines Krankenhauses oder einer Kaserne war. Oder war es die Anschrift einer Anstalt, in die Syphilitiker zum Sterben eingewiesen wurden?

Zehn Monate später war der Erste Weltkrieg zu Ende. Anna zog Bilanz. Sie war verwitwet, Mutter zweier kleiner Kinder, Besitzerin eines Fotoladens in Karvín. Und sie mußte nun neue Lebenspläne für sich und die Ihren entwerfen.

Wann und warum hat sie beschlossen, ihren Sohn zum Bruder ihres verstorbenen Mannes zu geben? In der Zeit, als ihr Mann im Krieg war, hatte sie es immerhin geschafft, den Fotoladen zu führen und die beiden Kinder zu versorgen. Was hatte sich geändert?

Die Welt hatte sich verändert. Der gütige und kluge Kaiser Franz Joseph war nicht mehr da. Sein Reich existierte nicht mehr. Daß ihr Mann an der Juden- und Kommunistenseuche gestorben, sie also nicht wenigstens Witwe eines Kriegshelden war, machte die Dinge nur schlimmer. Sie wurde die Angst nicht los, von ihm angesteckt worden zu sein. Mit der Angst kam die Wut gegen ihren verstorbenen Mann, gegen den Vater ihrer Kinder. Überhaupt waren stets die Männer schuld. Sie waren schwach, hatten nicht die Kraft, den Gefahren der Ansteckung aus dem Weg zu gehen, anständig und verantwortlich zu handeln. Leichtlebige Hallodris waren sie alle – wenn niemand sie an die Kandare nahm. Annas Illusionen waren zerstört.

Da war der Fotoladen. Da waren zwei Kinder, vier und fünf Jahre alt. Zwar brachte der Verkauf des Ladens ein wenig Geld, aber wie lange konnte das reichen? Hatte sie damals beschlossen, daß die Verwandten ihres verstorbenen Mannes eines der Kinder, also wenigstens einen Teil der Verantwortung für Josefs Hinterlassenschaft, übernehmen sollten? Oder hat sein Bruder Karl, ihr Trauzeuge und Taufpate des kleinen Karl Hubert, ihr selber angeboten, den Neffen aufzunehmen? Schwager Karl, dessen Ehe kinderlos war, war als Finanzoberaufseher in Karlsbad in gesicherter Position. Der Staat, einerlei, wer sich an seiner Spitze befand, würde immer Finanzbeamte brauchen.

Anna hatte also ihren Sohn weggegeben. Zu Verwandten. Er

mußte erleben, daß er von seiner Mutter weg mußte. Seine Pflegeeltern sind vermutlich gut mit ihm umgegangen, haben ihn Kind sein lassen. Zu hungern brauchte er sicher nie. Wenn er Fieber hatte, werden sie ihn gepflegt haben. Vermutlich hätten sie gern einen eigenen Sohn gehabt und haben den Neffen sozusagen als Ersatz genommen.

Ich stelle mir vor, daß sein Onkel und Pflegevater ein eher strenger Erzieher gewesen ist, überzeugt davon, daß Gesetze und Regeln da waren, um befolgt zu werden. Daß alles seine Ordnung haben mußte und er das Seine dazu beitragen wollte. Auch deshalb wird er den Neffen zu sich genommen haben. Gerade ein Junge bräuchte eine starke Hand, damit aus ihm ein anständiger Mensch werde. Das konnte keine verwitwete Mutter leisten. Und das wird er seinem Neffen sicher auch gesagt haben. Er wird ihm gesagt haben, daß er Glück habe, daß sein verstorbener Vater aus einer Familie stamme, die noch wisse, was Verantwortung sei.

Das war wohl die Welt des kleinen Karl Hubert nach dem Tod seines Vaters. Vermutlich hat Anna ihren Sohn im Sommer 1919 zu ihrem Schwager gegeben. Sein Geburts- und Taufschein ist um diese Zeit, viereinhalb Jahre nach Geburt und Taufe, ausgestellt worden – als Anna aus Karvín wegzog.

In einem Schreiben des Deutschen Roten Kreuzes vom 22. Oktober 1964 ist vom Tod des *Karl Bartl jun.* die Rede. Die Annahme liegt nahe, daß Karl Hubert von seinem Onkel adoptiert wurde. Nicht einmal eine Namensänderung wäre nötig gewesen. Wann und wie der Junge Karl Hubert zu Onkel und Tante kam, läßt auch die Vermutung zu, daß Annas Ehemann, bereits als er eingezogen wurde, den Bruder Karl bat, seine Frau in ihrer schwierigen Lage durch die Übernahme eines seiner Kinder zu entlasten. Falls Karl Hubert sich im Haus von Onkel und Tante wohl gefühlt und gut entwickelt hat, haben diese der jungen Witwe vielleicht die Adoption des Jungen vorgeschlagen. Anna konnte darangehen, sich eine neue Zukunft aufzubauen.

Weshalb berührt mich die Frage derart tief, was es für einen kleinen Jungen im Jahre 1919 bedeutet haben mag, von Mutter und Schwester getrennt zu werden? Weil der kleine Junge – wie ich – seinen Vater kaum kennenlernen konnte? Weil seine Mutter ihm abhanden kam wie mir meine, als ich im dritten Grundschuljahr war? Weil die Sehnsucht nach den verschwundenen Eltern sich durch mein Leben zog wie ein roter Faden? Nie habe ich diese Tode verwunden.

Mich, der ich doch nur Enkel und nicht Sohn war, hat Großmutter nicht weggegeben. Sie hat sich stets um mich gesorgt, hat sich um mein leibliches Wohl gekümmert, mich von Prag nach Israel in den Kibbuz gebracht, in dem Onkel und Tante lebten. Welche Koinzidenz, denke ich heute!

Doch diesmal liefen die Dinge anders. Als sie es dort nicht aushalten konnte, hat sie mich mitgenommen. Zu diesem Zeitpunkt war sie sechzig Jahre alt, ohne Geld, ohne Bleibe, in einem Land, dessen Sprache sie nicht sprach und in dem ihre eigene Sprache Aggressionen auslöste.

Großmutter hat mich nicht bei Onkel und Tante zurückgelassen. Sie bestand darauf, weiter für mich verantwortlich zu sein. Das war die Zeit, in der ich mir meine Familie zusammenträumte. Vor allem die nicht vorhandenen Eltern. Auch Karl Hubert wird von seinen leiblichen Eltern geträumt haben.

Welche Kinder- und Jugendbücher mag Karl Hubert gelesen haben? Für mich waren Bücher Steinbrüche, aus denen ich die Bausteine für meine Phantasien entnahm. Für die Tagträume, in denen ich mir die nicht vorhandenen Eltern erschuf und nach Erklärungen für meine unstete Existenz suchte. In Kfar Samir brauchte ich sie so dringend wie das Seil, mit dem ich in den Brunnen hinabstieg, um den hineingefallenen Eimer zurückzuholen. Schon bald, nachdem wir den Kibbuz verlassen hatten, vermißte ich die Bücher, die ich in Prag gelesen hatte. Ich schrieb Tante Běla und bat sie, mir Bücher zu schikken. Es waren wahre Schätze, die da eines Tages in unserer Hütte landeten: Zwei Bände, *Alte tschechische Sagen* von Alois Jirásek und *Babička, das Großmütterchen* von Bozena Nemcová, holten mich zurück in die beschauliche Welt meiner kurzen Kindheit in Prag. Andere Bücher versetzten mich in unbekannte Welten. Jack London konnte mich in die Kälte und Unwirtlichkeit Alaskas befördern, Jules Vernes *Geheimnisvolle Insel* erzählte vom Überleben und der Einsamkeit, Karl Mays *Im Lande des Mahdi* half mir, die Welt zu verstehen, in der ich lebte; das Buch war für mich Reiseführer und Wörterbuch. All diese Bücher las ich in tschechischer Sprache.

Vor mir liegt ein Band mit *Tom Sawyer* und *Huckleberry Finn* von Mark Twain, erschienen in Berlin, übersetzt und bearbeitet von Karl Hartz. Obwohl ich mit Großmutter deutsch sprach und schon deutschsprachige Zeitungen entziffern konnte, hätte ich das Buch damals nur mit großen Schwierigkeiten lesen können. Es ist in altdeutscher Schrift gedruckt, einer Schrift, die ich erst später lernte, als Großmutter von einem evangelischen Pastor in Haifa eine in dieser Schrift gedruckte Bibel geschenkt bekam, sozusagen als Beigabe zu den Lebensmitteln, die sie gelegentlich von ihm erhielt. Die Geschichte des Halbwaisen Huckleberry Finn, der seine Mutter verloren hatte und dessen Vater ein übler, versoffener Schläger war, kannte ich also damals nicht. Auch nicht Huckleberrys Methode des Geschichtenerfindens.

Karl Hubert könnte, als er Kind war, diese beiden Romane schon gelesen haben. Sogar in der Ausgabe, die vor mir liegt. Auch andere Geschichten, die ich bereits als Kind kannte, wird er gelesen haben. Die Märchen von Hänsel und Gretel, Schneewittchen oder dem Froschkönig zum Beispiel. Später haben vermutlich die Sagen von Drachen und Rittern ihren Weg in seine Vorstellungswelt gefunden. Auch mich hat der heilige Georg auf seinem Pferd, mit Lanze und Schwert gegen einen Drachen kämpfend, beeindruckt. Auf den farbigen Bildern, die ich sah, hatte der Drache zahllose, furchterregende Köpfe, aus denen, wie Feuerflammen, spitze rote Zungen schossen.

Auch Karl Hubert wollte, wie ich, vermutlich so groß, stark und mutig werden, den Kampf mit all diesen Drachenköpfen aufnehmen. All diese Köpfe würde er abschlagen. Der Drache bewachte die Höhle, in der Schwester und Mutter gefangen waren. Tränenüberströmt und glücklich würden sie in seine Arme fallen, wenn erst der Drache besiegt war.

Wie oft hat Karl Hubert in diesen Jahren Mutter und Schwester zu sehen bekommen? Haben sie ihn bei seinen Pflegeeltern besucht?

Über diese Phase seines kurzen Lebens weiß ich am allerwenigsten.

Ich kann nur versuchen, mir ein Bild von den Umständen und der Zeit zu machen, in die sein Leben eingebettet war.

Die Kaiser, die in Wien, Moskau und Berlin regierten, hatten die Geschicke Europas und das Leben seiner Einwohner seit Generationen bestimmt. Ihre drei Reiche waren, sozusagen über Nacht, verschwunden. Eine Nacht, die vier Jahre gedauert und zehn Millionen Tote gekostet hatte. Das Erwachen aus dieser Nacht sollte grausamer werden, als man es sich hätte träumen lassen.

Nach dem verlorenen Ersten Weltkrieg herrschte auch unter den Deutschen in der neuen tschechoslowakischen Republik Niedergeschlagenheit, Sorge und Furcht. Nicht nur ein Krieg war verloren, auch die Grundlagen der gewohnten Ordnung waren weggefegt. Den habsburgischen Staat gab es nicht mehr. Die Deutschen in Böhmen und Mähren, die für den Kaiser in Wien eine Art Hausmeisterrolle innezuhaben geglaubt hatten, waren zu Außenseitern geworden. Neue Staaten und Länder waren entstanden, die sich selbst regierten. Die Tschechoslowakei zum Beispiel. Die Tschechen regierten jetzt auch die Deutschen in Karlsbad, Klösterle, Kaaden und Karvín.

In Versailles hatte Woodrow Wilson, achtundzwanzigster Präsident der Vereinigten Staaten, seine Überzeugung durchgesetzt, daß es haltbaren Frieden nur geben könne, wenn alle Völker ihr Schicksal selbst bestimmten. Arbeiter sollten soviel gelten wie Fabrikanten. Meinungen von Dienstmädchen und Angestellten sollten nicht geringer geschätzt werden als die von Adel und Bürgertum.

Wachsende wirtschaftliche Schwierigkeiten beschworen Ängste herauf. Arbeitslosigkeit und Inflation beherrschten das Alltagsleben. Übergriffe und Verbrechen mehrten sich. Nicht nur die Wohlhabenden wurden von Angst erfaßt. Auch die kleinen Leute fürchteten sich. Alpträume von Anarchie und Chaos lasteten auf denen, die nichts wollten als Ruhe und Sicherheit.

Aus Wien, der Hauptstadt der ehemaligen k.u.k. Monarchie, war keine Abhilfe zu erwarten. Für die Besiegten schien das Recht auf Selbstbestimmung nicht zu gelten. Den Österreichern war, nachdem sie ihren Kaiser verloren hatten, sogar verboten worden, sich Deutschösterreicher zu nennen.

Aus Deutschland, das gemeinsam mit Österreich Krieg und Kaiser verloren hatte, kamen neue Töne: Schutz böte nur eigene Stärke. Wie immer in Zeiten von Umbruch, Unsicherheit und Trauer über Verlorenes wuchs die Bereitschaft, auf neue Töne zu hören, wuchs die Begeisterung für neue Werte und die Hoffnung auf den neuen Menschen.

In diesen Jahren, denke ich mir, wird Karl Hubert aufgehört haben, von Rittern und Ritterspielen zu träumen. Ich weiß nicht, ob Karl Hubert zu jenen frühen Begeisterten gehörte.

Wann er geboren wurde, weiß ich, wer seine Eltern waren, wann sein Vater starb und den wahrscheinlichen Zeitpunkt, zu dem er zu seinen Pflegeeltern gegeben wurde. Und seit seine Mutter, meine Großmutter Anna, mir nach einem Vierteljahrhundert des Verschweigens seiner Existenz entgegenschleuderte, daß er in der SS gewesen sei, weiß ich auch das.

Aus Großmutters Erzählungen und mit Hilfe der nach ihrem Tod aufgetauchten Dokumente und Briefe kann ich seine ersten fünf Lebensjahre rekonstruieren. Über die Jahre 1919 bis 1943 weiß ich nichts, außer daß er geheiratet hat, Vater einer Tochter wurde und wie Millionen andere in die Wehrmacht eingezogen wurde. 1943 kam er nach Hause, ein frontuntauglicher einarmiger Wehrmachtssoldat. Sechs Wochen, bevor er auf dem Marktplatz von Kaaden erschossen wurde, gebar Dora, seine Frau, einen Sohn, Walter. Wie, wo und wann wurde Karl Hubert verwundet? Wie und wann wurde Karl Hubert Mitglied der SS? Wann hat Anna erfahren, daß ihr Sohn in der SS war?

Sein erstes Kind, eine Tochter, war 1943 geboren worden. Karl Hubert wird seine Frau Dora wohl im Jahre 1942 geheiratet haben. Vielleicht während eines Fronturlaubs. Da waren Mutter und Schwester bereits aus Karlsbad geflohen, als auch dort, nur wenige Wochen nach der Besetzung durch deutsche Truppen, die Synagogen brannten. Sie gingen nach Prag. Von dort floh die Schwester nach China. Seine Mutter wurde zusammen mit Martin, ihrem jüdischen Lebensgefährten, von der Gestapo verhaftet.

Dem an mich gerichteten Brief von Karl Huberts Witwe vom Februar 1967, den ich erst in Großmutters Nachlaß in Lugano gefunden habe, entnehme ich, daß sie 1966 mehrmals in Köln gewesen ist und mich gern kennengelernt hätte. Großmutter, die sie in ihrem Brief *Mutter* nennt, hätte aber immer gesagt: *«Peter ist nicht da.»* Großmutter wollte einen Kontakt zwischen mir und ihrer neu gefundenen *Familie* verhindern.

Warum, so frage ich mich, hat sie mir, nach jahrzehntelangem Verschweigen, überhaupt etwas von ihrer Existenz gesagt? Plötzlich wird mir bewußt, daß der unterschlagene Brief von der Witwe meines Onkels Karl Hubert stammt und sie demnach meine zweite *Tante Dora* ist.

1943, so meine unbekannte Tante, seien sie und ihr Mann in Prag gewesen, um Mutter und Schwester zu suchen. Das dürfte um die Zeit gewesen sein, als Karl Hubert, bereits verwundet, das Foto machen ließ, auf dem ich ihn als den Bruder meiner Mutter Esti erkannt habe. Er mag damals, nachdem er dem Tod so nah gewesen war, den Wunsch gehabt haben, seiner Mutter und seiner Schwester Ehefrau und Tochter vorzustellen. Die Adresse von Anna hätten sie bekommen, aber von seiner Schwester habe jede Spur gefehlt. *Mein Mann war zutiefst erschüttert, keine Nachricht von seinen Angehörigen zu bekommen. Oma war zu dieser Zeit schon verhaftet.*

Hat er nicht gewußt, daß der Mann, den seine Mutter liebte und mit dem sie zusammenlebte, Jude war? Hat er nicht gewußt, daß seine Schwester einen Juden geheiratet hatte und ihm auf seiner Flucht gefolgt war? Hat er seinen Schwager nicht gekannt?

Seine Anschrift in Klösterle, dem Ort, aus dem auch seine Frau stammte, war in dem Notizbuch meines Vaters eingetragen. Sein Sohn Walter hat von diesen Zusammenhängen offenbar nichts gewußt. In seinem Brief schrieb er über Großmutter Anna, sie habe gesagt: *Nur durch die Bekanntschaft mit einem Juden bzw. geschäftliche Beziehungen habe man sie verhaftet.*

Hat Großmutter ihm gegenüber ihre Beziehung und ihre Liebe zu Martin verleugnet, oder hat sie das Gefühl gehabt, sie solle und wolle der von ihr *gefundenen* Familie ihre Liebe zu Martin nicht offenlegen?

Aus der Tatsache, daß Karl Hubert Bartl auf dem Foto die Uniform eines Wehrmachtsoldaten trägt, schließe ich, daß er kein begeisterter oder fanatischer Nationalsozialist war, der sich frühzeitig und freiwillig zur SS gemeldet hat. Er wird, so denke ich, Soldat an der Ostfront gewesen sein. Was hat er dort bis zu seiner Verwundung gesehen, erlebt und erfahren? Hat er die Vernichtung der jüdischen Bevölkerung in den eroberten Ostgebieten wahrgenommen? War er in irgendeiner Art und Weise, willig oder nicht, daran beteiligt? Hat er Mutter und Schwester gesucht, weil er nun wußte, was geschah?

Im Jahre 1945, so seine Witwe, hätten sie wieder nach Großmutter Anna gesucht und die Nachricht erhalten, daß *alle* vergast worden seien. Walter, sein Sohn, schrieb über seinen Vater:

Um einen Beruf in der Schreibstube zu bekommen, war er gezwungen, in die Heimat-SS zu gehen. Das war im Februar 1945, und schon im Mai 1945 wurde er auf dem Marktplatz in Kaaden standrechtlich erschossen... 5 Stunden später kam aus Prag ein Telegramm, in dem stand, mein Vater hätte nicht erschossen werden dürfen, da seine Mutter im KZ umgekommen ist. Von da an galt meine Großmutter als tot.

Walter war zu dieser Zeit sechs Wochen alt. Seine Mutter wird ihm das erzählt haben.

Was hat sein Vater, mein verwundeter und frontuntauglich gewordener Onkel Karl Hubert, in der Zeit zwischen 1943 und 1945 gemacht?

Es hat keine *Heimat-SS* gegeben. Dieser Begriff ist eine der zahlreichen Umschreibungen, die nach 1945 erdacht wurden, um Verantwortung für Geschehenes zu leugnen. Der Mörder von Großvater Martin, der früher Briefe stolz mit *SS-Mann Anton Malloth* unterschrieben hatte, erklärte Jahre später vor dem Staatsanwalt, er sei nie bei der SS oder beim SD gewesen. Er habe nur deren Uniform getragen.

Der Chef des SS-Wirtschafts- und Verwaltungshauptamtes, Oswald Pohl, hat am 5. Juni 1944 ein Schreiben unterzeichnet, wonach 10000 Angehörige des Heeres in die Waffen-SS übernommen und zur Bewachung verschiedener Lager eingesetzt werden sollen. Hermann Langbein, Mitglied der Leitung der Widerstandsorganisation in Auschwitz, berichtet in seinem Buch *Menschen in Auschwitz* über Frontdienstuntaugliche, die im Jahr 1944 der SS in Auschwitz eingegliedert worden sind.

Nach der Festnahme von Karl Hubert Bartl wird seine Frau sich verständlicherweise um seine Entlassung aus der Haft im Kaadener Gefängnis bemüht haben. Sie wird festzustellen versucht haben, ob ihre Schwiegermutter die Konzentrationslager überlebt hat. Sie wird gehofft haben, daß die Mutter ihres Mannes helfen könne, sein Leben zu retten. Aber selbst wenn sie wie Millionen anderer Auschwitz nicht überlebt haben sollte, konnte eine entsprechende Bestätigung sich als hilfreich erweisen. Ein SS-Mann, dessen Mutter im Konzentrationslager vergast worden war, wurde, das war zumindest anzunehmen, vielleicht verschont.

Was mag das für ein Telegramm aus Prag gewesen sein, das sein Sohn Walter in seinem Brief erwähnte? Eine deutsche Dienststelle in Prag hat es zu diesem Zeitpunkt nicht mehr gegeben. Prag war von den Deutschen und ihren Dienststellen befreit.

*

Im April 1993 reise ich nach Karlsbad. Auf dem Weg fahre ich am Wohnort von Karl Huberts Sohn vorbei. Es ist nicht weit von dort nach Karlsbad. Auch nach Kaaden, wohin ich am 24. April fahre, ist es nicht weit.

Ich habe es nicht eilig und lasse die Landschaft auf mich wirken. Die ursprüngliche Anmut des sanften Flachlandes zwischen Duppauer- und Erzgebirge am linken Egerufer wird zunehmend von Industrie zerstört. Trotz des schönen Wetters muß ich wegen der massiven Emissionen das Wagenfenster schließen. Plötzlich winden sich dicke Rohre entlang der Landstraße. Unvermittelt erheben sie sich senkrecht vom Boden, knicken im rechten Winkel ab und ziehen in mehreren Metern Höhe über die auf der Landstraße fahrenden Autos hinweg. Auf der anderen Straßenseite knicken sie wieder im rechten Winkel nach unten und begleiten den Verkehr bis hin zu einer der in den letzten Jahrzehnten entstandenen industriellen Anlagen.

Die Farben der Wiesen und Wälder werden zunehmend von Grau- und Rosttönen abgelöst. Daß die Gegend zu Beginn des Jahrhunderts, ja sogar noch zu Beginn der fünfziger Jahre, eine beliebte Sommerfrische war, ist kaum mehr vorstellbar. Um so überraschter bin ich, als ich an meinem Ziel ankomme, dem Marktplatz der ehemaligen Garnisonsstadt Kaaden.

Nur wenige Autos stehen in den Parktaschen. Ich stelle meins daneben, steige aus und lasse eine noch oder wieder sichtbare Schönheit auf mich wirken. Es ist nicht nur das Wetter – strahlende Sonne und ein blauer Himmel – das mich an Italien denken läßt. Der quadratische Platz erinnert an Udine, nur daß hier eine mittelalterliche Pestsäule steht. Ende des vierzehnten Jahrhunderts wurde ein großer Teil der Bevölkerung Europas von der Pest dahingerafft, und in vielen kleinen und größeren Orten Böhmens und Schlesiens finden sich die im Barock zur Erinnerung an die Seuche errichteten Pestsäulen. Eine Art steinernes Gebet um Verschonung vor der nächsten Pest oder als Dank dafür, daß die gerade überstandene Pest nicht alles Leben am Ort vernichtet hatte. Höher als die Pestsäule ist der 500 Jahre alte Rathausturm, von dem es heißt, er sei der schönste städtische Wartturm Böhmens.

Ein Mann beäugt mich aufmerksam, blickt auf das Kölner Kennzeichen meines Wagens und lächelt mich freundlich an. Ich nicke zurück, sage: *Guten Tag.* Der Mann antwortet auf tschechisch: *Dobrý den. Rozumíte Český?* Guten Tag. Verstehen Sie Tschechisch? *Jenom trochu.* Nur ein wenig, erwidere ich.

Der Mann, von kleiner Statur und rundlich, spricht weiter in tschechischer Sprache auf mich ein. Man müsse andere Sprachen lernen, sonst fiele die Verständigung schwer. Man müsse endlich lernen, sich gegenseitig zu verstehen. Dann wechselt er unvermittelt die Sprache. In Deutsch beginnt er, wie ein Reiseführer, die Schönheiten der Stadt zu preisen und die Geschichte des Marktplatzes zu erzählen. Ich beginne Fragen zu stellen, zuerst nach den Sehenswürdigkeiten und nach und nach über den Mann selber.

Josef H. ist Sudetendeutscher, gehört zur kleinen Zahl jener Deutschen, die man nach dem Krieg nicht vertrieben, sondern erlaubt hat, in ihrer Heimat zu bleiben. Er schiebt das auf die Tatsache, daß er noch jung war und als einzige Angehörige seine Großmutter hatte. Neugierig, dennoch zaghaft, richte ich meine Fragen gezielt auf das Ende des Zweiten Weltkrieges und erfahre von Josef H., daß er, zusammen mit anderen Deutschen, wochenlang auf dem Marktplatz gearbeitet habe – Aufräumarbeiten, Beseitigung von Kriegsschäden und Säubern des schönen Platzes. Ja, wochenlang hätten sie da gearbeitet. Ich frage, ob er von einer Exekution auf dem Marktplatz gehört habe.

Gehört? Gesehen habe er sie! An einem Vormittag sei plötzlich das Gefängnistor aufgegangen. Er zeigt in eine der Straßen, die vom Marktplatz wegführen. In einer hohen ockerfarbenen Mauer sehe ich ein großes, grau gestrichenes Eisentor. Da war schon immer die Polizeistation mit dem dazugehörigen Gefängnis, erklärt er. Es sei alles sehr schnell gegangen an diesem Vormittag. Eine Gruppe uniformierter Deutscher sei von bewaffneten Tschechen vom Gefängnistor auf den Marktplatz getrieben worden. Zumeist junge Männer seien es gewesen, und sie, die auf dem Marktplatz mit Zwangsarbeiten beschäftigt waren, dachten, daß sie nun Verstärkung bekämen. Einer aus der Gruppe habe nur einen Arm gehabt, und er habe noch gedacht, daß der ja wohl nicht sehr hilfreich sein könne. Unter Schlägen seien die Männer bis zur Pestsäule getrieben worden und hätten sich aufstellen müssen – und plötzlich seien Schüsse gefallen. Eine ganze Weile habe die Schießerei gedauert. Am Ende hätten alle tot vor der Pestsäule gelegen. Josef H. gerät bei der Erinnerung an diesen Maimorgen 1945 in Aufregung. Er greift mich am Ärmel, führt mich zur Pestsäule und zeigt mir die sichtbaren Einschläge der Schüsse.

Sofort sei aus dem Gefängnishof ein Lastwagen gekommen. Die Erschossenen seien auf die Ladefläche geworfen worden. Wohin der Lastwagen gefahren sei, wisse er nicht.

Ich blieb nicht lange in Kaaden. Für die architektonische Schönheit des Platzes war in meinen Gedanken und Gefühlen kein Raum mehr.

Ich fahre weiter nach Klösterle, dem Ort, in dem Karl Hubert Bartl lebte, dessen Anschrift mein Vater in sein kleines schwarzes Notizbuch eingetragen hatte. Der Ort, aus dem auch sein Vater Josef und sein Adoptivvater Karl stammten, hatte zu Beginn des Jahrhunderts, ebenso wie zahlreiche andere Städte und Dörfer im Sudetenland, um Kurgäste und Sommerfrischler geworben. Der damals etwa zweieinhalbtausend Einwohner zählende Ort bot neben einer Heilquelle, dem *Sauerbrunn Klösterle*, von dem allein im Jahre 1909 etwa eineinhalb Millionen Füllungen verschickt wurden, den Gästen einen herrlichen Schloßpark und die Schloßanlagen, in denen es zeitweise Konzerte und Theatervorstellungen gab. Auch eine Rasentennisanlage im Sauerbrunnpark wurde zu den Attraktionen des Ortes gerechnet.

Im Jahre 1993, nicht lange nach dem Ende der kommunistischen Herrschaft, war von all diesen Attraktionen nichts mehr zu sehen. Der Ort ist still und grau wie die meisten Orte nach Jahrzehnten der Vernachlässigung. Schnell finde ich den Friedhof. Das kleine Tor ist offen, ich trete ein und spaziere die Reihen der Gräber mit ihren zumeist verblaßten Inschriften entlang. Der größte Teil des Friedhofs von Klösterle läßt erkennen, daß hier Deutsche gewohnt haben. Nur auf einem kleinen Teil des Friedhofs stehen Grabsteine oder Urnenkästen mit tschechischen Namen. Sofern es Gräber älterer Menschen sind, sind die wenigsten von ihnen in Klášterec geboren, wie der Ort in Tschechisch heißt.

Wenige Wochen zuvor war ich in der Kleinen Festung Theresienstadt gewesen, vor der sich eine Anlage mit Hunderten von Grabsteinen erstreckt. Es sind die Grabstellen jener, deren Leichen am Tag der Befreiung vorgefunden wurden. Ich wußte schon lange, daß es dort keinen Grabstein für Martin Finkelgrün gibt. Mein Großvater Martin Finkelgrün, Kaufmann und Bürger aus Bamberg, war am 10. Dezember 1942 in der Kleinen Festung Theresienstadt von dem SS-Mann Anton Malloth totgeschlagen und -getreten worden. An ihn erinnert dort nichts.

Zwischen dem Kriegsende 1945 und 1949 starben in der Kleinen Festung Theresienstadt, dem früheren Gestapogefängnis Prag, weitere 300 Menschen: internierte Volksdeutsche, auf ihren Prozeß oder ihre Ausweisung wartend. Im nahen Leitmeritz fand zu jener Zeit der Prozeß gegen jene statt, die während der Besatzung an den Verbrechen und Morden in Theresienstadt mitgewirkt hatten. Auch gegen Anton Malloth war dort zu Gericht gesessen worden. Er wurde in Abwesenheit zum Tode verurteilt.

Hat Karl Bartl, der im Mai 1945 auf dem Marktplatz des nicht weit entfernten Kaaden erschossen wurde, ein Grab? Seine Schwester Esti hat kein Grab mehr. Sie hatte ein Urnengrab in Prag. Wenige Tage nach ihrer Einäscherung im Sommer 1950 durfte ich mit Großmutter zum Friedhof fahren. Der Friedhof war umgeben von Mauern mit vielen kleinen Fenstern darin. Wenn man die Fenster öffnete, sah man viereckige Kästen mit beschrifteten Behältern, runden und eckigen, kleinen und großen, dickbäuchigen und schlanken. Wie Vasen sahen sie aus, und alle hatten einen Deckel. Neben manchen lagen kleine Blumensträuße. Fast alle Kästen enthielten Fotografien, manche eingerahmt und neben den geschlossenen Vasen, einige auf die Vasen aufgeklebt: Klingelschilder am Eingang zur Ewigkeit.

Heute hat Esti nicht mehr das kleinste Zimmer, das sie je hatte, auf jenem Friedhof in Prag. Großmutter und ich waren aus Prag weggegangen. Wir hatten den Mietzins nicht mehr zahlen können.

Als ich Bamberg und seinen jüdischen Friedhof im Winter 1992 besuchte, stand ich plötzlich und vollkommen unverhofft vor einem Grabstein mit meinem Familiennamen. In diesem Moment ergriff mich ein Schrecken. Wieso stand mein Name auf einem Grabstein? An einem Ort, an dem ich nicht lebte, nie gelebt hatte? Ich stand vor dem Grab meiner Urgroßmutter, der Mutter meines Großvaters Martin. Erst nachdem ich mich beruhigt hatte, war mir klar, daß es ja völlig normal war, auf Grabsteinen Namen, Geburts- und Sterbedatum von Vorfahren zu finden. Manchmal mit einer Anmerkung, die das liebende Gedenken der lebenden Hinterbliebenen und Nachkommen bezeugt. Aber das entsprach nicht meiner Erfahrung. Martin hat kein Grab. Esti hat lange keines mehr. Hans, mein Vater, der im Getto von Shanghai starb, hat auch keines.

Großmutter Anna hat ein Grab. In Köln. In ihrem Grab liegt eine Vase, wie ich sie auf dem Friedhof in Prag gesehen habe. Ob sie je daran gedacht hat, wie ihre Tochter Esti eingeäschert zu werden? Sie hat den Wunsch nicht geäußert. Sie war, wie es so heißt, plötzlich und unerwartet gestorben. In der Schweiz.

Als ich am Tag nach dem Anruf, mit dem mir ihr Tod mitgeteilt wurde, in Lugano ankam, war ihr Leichnam auf Anordnung der Behörden bereits von einem örtlichen Beerdigungsunternehmen verbrannt worden. Einige Wochen später fand ich im Briefkasten meiner Kölner Wohnung eine Benachrichtigung des Postamtes. Ein Päckchen aus dem Ausland läge zur Abholung an der Hauptpost bereit. Dort antwortete ich auf die Frage des Zollbeamten nach dem Päckcheninhalt wahrheitsgemäß: *Meine Großmutter.* Ich sah, wie er sekundenlang schwankte, ob er mich anbrüllen oder wegen Verächtlichmachung uniformierter Obrigkeit gleich festnehmen sollte. Deshalb beeilte ich mich hinzuzufügen: *Schauen Sie doch nach.*

Ungläubiges Staunen überzog sein Gesicht; er hob vorsichtig das längliche Päckchen und bewegte es langsam an seinem Ohr vorbei – als erwartete er, daß Großmutter Anna sich unter dem Packpapier und hinter der verknoteten Kordel zu Wort melden würde. Statt dessen hörten wir ein leises Rascheln. Erschrocken legte er das Päckchen auf den Schalter nieder und wandte sich ab. Mit Großmutter unterm Arm verließ ich die Post. Ich setzte sie auf dem Beifahrersitz des VW Käfer ab und fuhr los. Es war eine lange Autofahrt, die ich mit Großmutter kreuz und quer durch die Stadt unternahm. Jahre und Jahrzehnte gingen mir durch den Sinn. Ich sprach mit ihr, wie ich nie vorher mit ihr gesprochen hatte. Ich sagte ihr Dinge, die ich ihr nie zuvor gesagt hatte. Und sie widersprach mir nicht. Dem ersten Impuls, Großmutter Anna einen Platz im Wohnzimmer zuzuweisen, gab ich dann doch nicht nach. Vielleicht fürchtete ich, sie könnte Zeugin von so manchem werden, was ich ihr nicht erklären könnte. Aber auch sie konnte mir nichts mehr erklären.

Ich beeile mich plötzlich. Will weg vom Friedhof in Klösterle. Weg von den nicht vorhandenen Gräbern.

V. Am Ende der Welt: Ein Anfang

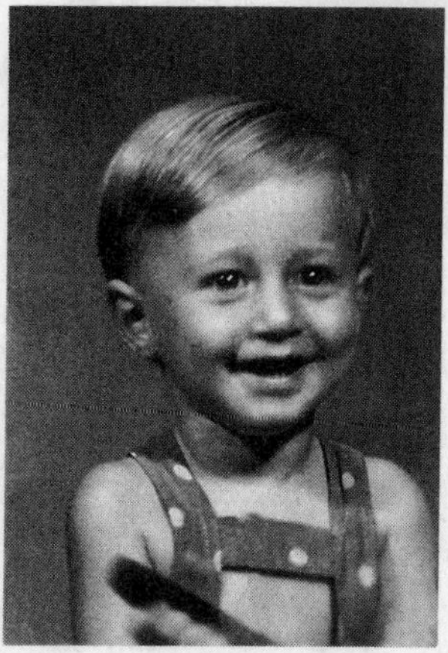

Self Service is now open.

Die metallisch schnarrende Stimme aus dem Lautsprecher ruft die Passagiere zum Restaurant. Das Tuten des Schiffhorns treibt sie an die Reling. Ein echtes Dilemma: Soll man dem Hunger nachgeben oder dem Wunsch, die von der Abendsonne beglänzte Stadt langsam verschwinden zu sehen? In der Regel haben die meisten Passagiere schon an Land zu Abend gegessen und können in Ruhe von der Reling ihren Blick auf das langsam schwindende Panorama heften oder einen bestimmten Punkt an der Küste fixieren, von dem sie einen besonderen Abschied nehmen wollen. Diesmal gab es nur wenig Zeit für einen Landgang. Die altersschwache *Sea Wave* hatte den Hafen von Limassol nicht, wie vorgesehen, in den Morgenstunden, sondern erst gegen Abend erreicht. Über den Lautsprecher erfuhren die Passagiere, daß der Aufenthalt nur etwa zwei Stunden dauern und daß das Schiff um acht Uhr wieder ablegen würde.

Keine Zeit für eine Fahrt mit dem Taxi in die Stadt, ganz zu schweigen von einem Ausflug landeinwärts und einem romantischen Mittag- oder Abendessen im Restaurant *Zum Pelikan* am alten Hafen. Nichts von alldem war an diesem Tag möglich. Kein Kurzbesuch in der wunderbaren Berglandschaft um Trodos und Platres, keine Teestunde im *Forest Park Hotel*, bei der man sich einbilden konnte, sich als Upper-Class-Angehöriger irgendwo in England zu befinden. Kein Bad in Paphos an der

Stelle, an der Aphrodite dem Meer entstiegen sein soll. Auch kein schneller Trip zum Kurion mit den Ausgrabungen aus der Römerzeit, den Affenbrotbäumen und dem atemberaubenden Blick auf den darunter liegenden Küstenstrich. Kein Ausflug von Süd- nach Nordzypern, von der griechischen in die türkische Republik.

Von Europa kommend, markiert der Aufenthalt in Zypern für mich den beginnenden Orient. In den Bergen von Zypern hatten palästinensische Terroristen ihre Ausbildungsstätten, in der Hauptstadt Nikosia sind sich reiche Flüchtlinge aus dem Libanon und PLO-Funktionäre aus dem Weg gegangen. Im Hafen von Limassol sind die aus Beirut verjagten Kämpfer des Yassir Arafat auf Fähren der Sol-Linie angekommen. Ihr Traum von einer Rückkehr nach Palästina schien ausgeträumt. Inzwischen bevölkern Geschäftemacher der früheren Sowjetunion die Banken der zypriotischen Hauptstadt, und die PLO-Funktionäre müssen sich als Fremde mit dem Stadtplan in Bethlehem, Nablus oder Gaza zurechtfinden.

Es bleibt nur Zeit für einen Besuch des Passagierterminals im Hafen mit seinen zahlreichen *Duty-Free-Stores* und für den Einkauf von zollfreien Zigaretten, Spirituosen, Parfums, Elektroartikeln und modischen Seidentüchern, die als Geschenke und Mitbringsel für Verwandte und Freunde in Israel im Gepäck verstaut werden müssen. Der kleine Glaskasten an Bord der *Sea Wave*, an dem ein Pappschild mit den Buchstaben *Duty Free* prangt, ist vollständig leer. Es wird nicht einmal, wie beim Kiosk an Deck, der Versuch gemacht, den Eindruck eines auch nur halbwegs üblichen Betriebes zu erwecken.

Nachdem ich eiligst die notwendigen Einkäufe in den verschiedenen *Duty-Free-Stores* gemacht, am Zeitungsstand zwei deutschsprachige Tageszeitungen gefunden und mich mit einigen Sandwiches, als Alternative zu den Spaghetti im Self-Service der *Sea Wave*, eingedeckt hatte, stehe ich wieder an der Reling und blicke auf den Kai. Ganze Containerfelder breiten sich aus. Mir geht die Frage durch den Sinn, wieviel Konterbande sich wohl in diesen Containern befinden mag – Waffen und Munition, um tatsächliche oder potentielle Gegner der verschiedenen Konflikte im Nahen Osten zu versorgen. Den Containern ist ihr tödlicher, die Kurse an den Aktienbörsen bestimmender Inhalt nicht anzusehen.

Im Hafen von Limassol sind diesmal keine Kriegsschiffe zu sehen. In Krisenzeiten, wenn der offene Ausbruch von Kriegen im Nahen Osten kurz bevorsteht, finden sich hier Kriegsschiffe zahlreicher Nationen: Die Sechste Flotte der USA, Schiffe der britischen Navy, die bekanntlich die Meere beherrscht, aber auch französische und neuerdings wieder deutsche Schiffe mit bedrohlichem Grauanstrich. Wie Rudel von Wölfen, die auf Beute warten.

Am Kai vor unserem Schiff entdecke ich auch jene jungen, dunkelhaarigen Männer, die trotz ihres jugendlichen Alters schwerhörig zu sein scheinen, denn sie tragen – ganz unauffällig – ein kleines Hörgerät, das an einem schmalen Draht befestigt ist, der am Ohr vorbei in den Kragen ihrer offenen Hemden führt. Auch scheinen die meisten von ihnen Schwierigkeiten mit den Augen zu haben. Obwohl es inzwischen dunkel ist, tragen sie Sonnenbrillen. Man kann nur raten, wohin sie so aufmerksam blicken. Nach und nach verschwinden sie im Rumpf des Schiffes, wo sie in der kommenden Nacht in den dort während der Überfahrt untergebrachten Autos nach Waffen, Sprengstoff und anderer Konterbande suchen werden. Am nächsten Morgen werden sie, wenn die *Sea Wave* in den Hafen von Haifa einläuft, immer wieder über das Deck und quer durch die Gänge des Schiffes gehen und dabei aufmerksam die Passagiere beäugen.

Nur noch eine Nacht. In dieser Nacht habe ich eine weitere Reise in die Vergangenheit vor mir. Nach China.

*

Appartement 202, Rue Lafayette 455. Das klingt wie eine Pariser Adresse. Den Brief, der diese Adresse als Absender hat, habe ich viele Male gelesen. Den Mann, der den Brief geschrieben hat, habe ich erst ein wenig näher kennengelernt, als ich bereits älter war als er bei seinem Tod: meinen Vater.

Als meine Großmutter starb, war ich siebenundzwanzig Jahre alt. Außer meiner Tante Dora/Rachel war Großmutter die einzige Person, die mir etwas über meinen Vater hätte erzählen können. Sie hat schließlich über längere Zeit mit ihm zusammengelebt. Sie hat ihn sprechen gehört. Sie hat mit ihm zusammen Mahlzeiten eingenommen. Sie hat gesehen, wie er sich anzog. Sie hat etwas über seine Vorstellungen vom Leben erfahren. Sie war nicht taub und blind, diese Großmutter. Ganz einfache Dinge hätte sie dem Jungen in Prag und Haifa, dem jungen Mann in Freiburg erzählen können. War Hans Leo Finkelgrün elegant? Kleidete er sich sportlich? Hat er Marmeladenbrötchen gefrühstückt? Aß er gern Kartoffelpuffer oder bayerische Braten? Schwamm er gern? Spielte er Tennis? Las er Vicki Baum oder Arnold Zweig? Ich weiß, ich weiß, Großmutter, er spielte auf dem Klavier diese schreckliche Negermusik, diesen Jazz. Für diese eine einzige – wenn auch tadelnd gemeinte – Mitteilung bin ich dir dankbar, Großmutter Anna. Aber wahrhaftig, du hättest mir sagen können, wieviel Galgenhumor er hatte, dieser kaum dreißigjährige Mann. Es hätte mir viel bedeutet, einen Vater zu haben, den man wegen seiner Haltung, seiner ironischen Würde in schwieriger Situation, hätte bewundern können.

In weniger guten Momenten neige ich dazu, Großmutter

auch in bezug auf mich und meinen Vater der *Täuschung durch Unterlassung* zu bezichtigen. Sie hat ihn mir buchstäblich vorenthalten, diesen Mann, der mir doch so gut gefällt. Sie hat eine Lücke zugelassen, wo doch etwas Lebendiges sich hätte entwikkeln können.

Meine Reise hierher war alles in allem genommen ein Witz und jedenfalls eine sehr komische Emigration. Deine Idee, ein Buch darüber zu schreiben, war – auf vorherigen Wunsch einer einzelnen Dame – bereits bei Ankunft Deines Briefes in Angriff genommen worden. Deine Bestätigung, daß dies ernstlich nicht einmal eine schlechte Idee ist, war also doppelt erfreulich. Es wird mir dabei so gehen wie dem Film «Victoria the Great», der schwarzweiß begann und als Farbfilm endete. Das heißt, die erste Hälfte werde ich Deutsch schreiben und dann am richtigen Punkt der Reise ins Englische überlenken.

Du willst einen Vorbericht haben? Bitte.

Wir hatten den ganzen Sommer 1939 mit dem Wunsch dilettiert, nach England zu gehen und uns allüberall als «married couple» angegeben. Trotz eifriger Unterstützung eines Freundes aber keinen Erfolg mehr gehabt. Mit Kriegsausbruch war dann mein Entschluß, eventuell auch einfach ins Blaue loszugehen, gefaßt. Ich lief alle Konsulate ab, ohne an Rußland auch nur zu denken. Durch Zufall kam ich am Sowjetkonsulat vorbei – und sofort leuchtete mir ein, daß ja der erst zwei Wochen alte Freundschaftsvertrag auch für mich freundlich sein müßte. Der Konsul allerdings verwies mich zu Intourist, und dort applizierte ich für eine «Studienreise vor Auswanderung nach USA». Das war im September. Im November erhielt ich via Intourist die Einreisebewilligung, und auf Grund dieser suchte ich um den deutschen Sichtvermerk nach, ein Verfahren, das immerhin noch 2½ Monate dauerte. Jedenfalls konnte ich Mitte Februar 1940 mit einem 30tägigen russischen Besuchsvisum über Berlin–Königsberg–Litauen reisen. Und nun begann in Moskau ein wunderbarer Instanzenstreit. Ich wollte doch nun die weiteren Visa haben, und ein jeder sagte: Gewiß, gern, aber bitte erst der andere. Glücklicherweise waren sich alle einig, daß man für Shanghai kein besonderes Visum oder Permit brauche. Aber die Japaner sagten: Erst mußt du die russische Ausreise über die Ostgrenze haben – und die Russen sagten, nein, erst müssen dir die Japaner ihr Transitvisum geben. So ging das lieblich hin und her. Schließlich ging ich einfach zu dem Achsenfreund der streitenden Parteien, der deutschen Botschaft. Die waren sehr liebenswürdig, telefonierten einige Tage lang mit dem Visa-Department der japanischen Botschaft, dem russischen Außenkommissariat, drohten schließlich mit dem Botschafter persönlich und erreichten, daß die Russen nachgaben und mir das gewünschte Ausreisevisum erteilten. Es war ungemein reizvoll. Volle Pension hatte ich in Deutschland bereits vorausbezahlt. So genoß ich denn das russische Leben in vollen Zügen und fuhr schließlich, nachdem ich 33 Tage lang die vergeblichen Bemühungen der deutschen Schwerindustrie, dem neuen Freund Maschinen anzudrehen, beobachtet hatte, mit dem zu Unrecht berühmten Transsibirienexpress ab. Die Reise ist übrigens angenehmer, als man fürchtet. Ich erholte mich wie in einem Sanatorium und konnte es brauchen. Denn in Wladiwostok wollte der japanische Kapitän mich trotz meines schönen Visum nicht mitnehmen: Seit dem Asama Maru-Zwischenfall befördern die Japaner keine wehrfähigen Deutschen mehr. Die Schwierigkeit war nun vor allem, daß die Russen mich nicht aufs Schiff lassen wollten, um mit dem Kapitän direkt zu reden. Alles mußte ich erst einem Idioten von Dolmetscher erklären, der dann alleine ging, zurückkehrte, den Kopf schüttelte und sagte: No can do. Captain refuses. Ich fragte, warum? Not know. Und verschwindet. Schließlich bekam ich wieder einen Wutanfall und ging *aufs japanische Konsulat und erreichte dort, daß die mit den Russen telefonierten, ich solle direkt zum Kapitän geführt werden. Nach mehrstündigem Warten war die Eskorte versammelt: Der Hafenmeister, ein hoher Zolloffizier, ein hoher Polizeioffizier, ein Soldat mit aufgepflanztem Bajonett und meine Wenigkeit. Mein Kostüm war sehenswert: Manchesterbreeches, hohe Kanadier, ein offener Pelzmantel, eine Mütze und Fäustlinge. Der Kapitän erschrak, als er uns sah und holte sich von seinen Offizieren Verstärkung, und wir machten um einen riesigen Tisch eine Roundtable-Konferenz. Darauf hielt der Hafenmeister eine Rede in russischem Englisch, der Kapitän erwiderte in japanischem Englisch und schließlich sprach ich ausführlich in Deutschenglisch. Da wir uns gegenseitig nicht verstanden, aber unsere Bildung bewiesen hatten, waren wir tief befriedigt. Ich warf schwungvoll eine Steuerunbedenklichkeitserklärung und verschiedene Sittenzeugnisse auf den Tisch und erklärte, daraus ginge mein Stand als reiner Zivilist hervor. Die Fülle der Papiere erweckte auch Eindruck. Die Russen riefen im Chor: Da-da-da, die Japaner schüttelten den Kopf, was ihrerseits Zustimmung ausdrückt. Schließlich tat ich ein übriges: Ich verlangte Papier und schrieb eine schöne Erklärung, in der ich versicherte, kein deutscher Militär zu sein. Worauf der Kapitän ausdrücklich agreete, mich mitzunehmen; ein feierliches Abschiednehmen begann, und ich bewies meine Höflichkeit, indem ich niemand die Hand gab, hingegen mich dreimal schief verbeugte. Leider trug mir das in der Folge das Gegenpräsidium am Kapitänstische ein, was mit endloser Langeweile und der täglichen Versicherung, daß es mir sehr gut ginge, begleitet war.*

Diesen Brief habe ich erst erhalten, als ich mein erstes Buch bereits geschrieben hatte. Ich nahm aus eigenem Antrieb ein Vorhaben in Angriff, das Hans, mein Vater, nicht mehr verwirklichen konnte: Ein Buch über seine Flucht von Deutschland nach Shanghai. Aber beide sind wir durch das, was man so *die Umstände* nennt, von unserem Plan abgebracht worden. Mein Vater mußte um sein tägliches Leben ringen; ich stieß auf den Mord am Vater meines Vaters und die Tatsache, daß der Mörder nicht angeklagt wird. Ich mußte dieser Ungeheuerlichkeit zuerst nachgehen.

Nun schreibe ich also, was mein Vater nicht mehr hat schreiben können, und es ist mehr geworden, als ich dachte: Zwei Reisen sind zu beschreiben – die meines Vaters von Deutschland über die Tschechoslowakei nach Shanghai und meine durch die Nachkriegsnebel aus Verschweigen, Verdrehen und Lügen hin zu einem Quentchen Wahrheit. Daß ich mit dem Schreiben begonnen habe, ehe ich den Schreibvorsatz meines Vaters kannte, freut mich ungemein.

Ja, ich bin ein Erbe. Ich bin nicht nur ein Erbe der grauenhaften Hypothek des Holocaust. Ich bin auch ein Erbe meines Vaters. *Dieses* Vaters. Des Mannes, der sich 1940 dem *No can do, Captain refuses* mit seinem ganzen sozialen Erfindungsreichtum entgegenstellt und sich vornimmt, darüber einmal zu schreiben. Wie ich hatte auch er einen Hang zur Literatur. Das habe ich vorher nicht gewußt, und es gefällt mir. Ich weiß es erst, seit ich den Brief aus der Rue Lafayette 455 aus Shanghai habe, und das ist gerade erst dreieinhalb Jahre her. Damals besuchte mich Herbert Ashe aus Amerika, der einmal Herbert Eschwege hieß. Ein Jugendfreund meiner Eltern und Adressat dieses und anderer Briefe von Hans und Esti. Er hat mir Einzelheiten aus dem Leben meiner Mutter erzählt, die auch Großmutter mir hätte erzählen können, wenn sie es denn für wichtig gehalten hätte. Er hat mir einige der auf abenteuerlichen Wegen zu ihm gelangten Briefe mitgebracht. Es versöhnt mich ein wenig, daß sie mich erreicht haben, von Hand zu Hand gegangen während mehrerer Jahrzehnte und von manchen Menschen für so wichtig gehalten, daß die Suche nach mir als ihrem rechtmäßigen Empfänger nie nachgelassen hat.

Ja, ich bin ein Erbe. Ein Erbe des Überlebenswillens meines Vaters und meiner Mutter. Die mich in die Welt setzten – zu einer Zeit, die mein Vater in einem seiner Briefe als die des Zusammenbruchs der europäischen Kultur bezeichnete. Daß die Wellen, die dieser Zusammenbruch in Bewegung setzte, sich bis in den Hafen von Shanghai fortsetzen würden, haben sie, ebenso wie andere, nicht geahnt. Sie glaubten an einen Anfang. Sie aktivierten ihre Talente und Fähigkeiten, um das neue Leben, in das sie sich geflüchtet hatten, zu bestehen. In das ihnen zugedachte Schicksal wollten sie sich nicht ergeben.

Manchmal denke ich, daß ich, nachdem Großmutter das Geheimnis um ihren Sohn gelüftet, es mir in wütenden Worten entgegengeschleudert hatte, sofort auf der Beantwortung aller sich daraus ergebenden Fragen hätte bestehen sollen. Doch Großmutter hat den Zeitpunkt verpaßt, zu dem sie mich mit ihrem schmerzhaften Geheimnis zum Vertrauten hätte machen können. Ich blieb das unwissende Kind. Ein Kind, dem man nichts sagte und das keine Fragen stellen sollte. Nicht nur Großmutter vermittelte mir diese Erfahrung. Immer, wenn ich Menschen begegnete, von denen ich etwas über meine Eltern und die Zeit in Shanghai zu erfahren hoffte, hatte ich das Gefühl, daß meine Fragen Irritationen, sogar Unwillen erregten.

Als Jugendlicher besuchte ich in Israel ein älteres Ehepaar, von dem mir zu Ohren gekommen war, es habe in Shanghai überlebt. Das Paar wohnte jetzt in Bnei Brak, einem Ort in Israel mit besonders vielen Orthodoxen. An diesem Ort war ich noch nicht gewesen. Orthodoxe Juden lebten fast abgesondert vom Rest der Bevölkerung, entsprechend ihren Vorstellungen von einem gottgefälligen Leben. Im Kibbuz hatte ich Dora/Rachel gefragt, wieso sie als Zionistin und Sozialistin Wert auf religiöse Regeln legte, da doch etliche der sehr frommen Juden den Staat Israel nicht anerkennen wollten. So wie die arabischen Nachbarstaaten. Sie erklärte mir, daß sie und andere ihres Alters manchmal so etwas wie ein schlechtes Gewissen hätten, weil die vergleichsweise kleine Gruppe der Frommen sozusagen stellvertretend für alle anderen die religiösen Vorschriften eingehalten und so zum Überleben des Judentums beigetragen hätte. Als Zionisten, die sich vorgenommen hatten, den jüdischen Staat zu gründen, hätten Leute wie sie und Israel kein Interesse und vor allem keine Zeit für die religiösen Regeln und Vorstellungen gehabt. Jetzt aber, da der Staat existiere, sollte man sich vielleicht auf die Ursprünge des Judentums besinnen. Dazu gehörten auch Regelungen – zum Beispiel wer überhaupt Jude sei. So gilt das Kind einer nichtjüdischen Mutter nicht als Jude, selbst wenn der Vater Jude ist. Mir wollte das nicht einleuchten. In dem Gespräch in Bnei Brak wurden mir aber zumindest die Konsequenzen solchen Denkens deutlich. Während meines kurzen Besuchs saß der ältere Mann in einem Sessel im verdunkelten Raum. Er sprach kein einziges Wort mit mir. Die Frau erinnerte sich an mich. Ich sei doch das Kind dieser Nichtjüdin. Einmal habe sie mich gesäubert, weil ich völlig verdreckt gewesen sei.

War ich ein vernachlässigtes, ein verwahrlostes Kind? Unter welchen Umständen meine Mutter nach dem Tod von Hans lebte, darüber erhielt ich keine Auskunft. Ich verließ die Wohnung, ratlos und traurig.

Jahrzehnte später, bei einem Treffen ehemaliger Shanghaier, zu dem ich eigens von Köln nach Jerusalem gereist war, suchte ich nach Menschen, die mir Fragen nach meinen Eltern, nach meiner Kindheit hätten beantworten können. Doch von keinem der dort Versammelten erhielt ich eine Auskunft. Sobald ich erwähnte, daß meine Mutter keine Jüdin war, war das Gespräch beendet.

Zu dieser Zeit war ich bereits ein Veteran der Ausgrenzungsmechanismen. Nicht mehr zu überraschen dadurch, daß es Menschen gab, die mich an Hand meines Namens als Juden definierten, während andere meinten, mich als Nichtjuden wahrnehmen zu sollen, weil meine Mutter keine Jüdin war. Beiden gemeinsam war ein offensichtliches Unwohlgefühl, eine aggressive Irritation. Gegen was, gegen wen? Gegen Regeln, die sie nicht wirklich bejahten? Gegen den, der gegen sie verstieß?

Auf einem der Schiffe, mit denen ich häufig von Piräus nach Haifa fuhr, warf ich einen Blick in eines der Rettungsboote. An der verpackten und zugeschnürten Ausstattung des Bootes prangte ein Etikett: *Made in Shanghai.* Shanghai, dachte ich, bot sich noch immer zur Rettung an – für Schiffbrüchige unterschiedlichster Provenienz.

Als ich selber, ein halbes Jahrhundert nach meiner Geburt in Shanghai, dorthin reiste, erlebte ich keine Abenteuer mit Kapitänen, Hafenmeistern und langen Debatten, ob ich von meinem Visum Gebrauch machen könne. Abenteuerlich waren die Reise und der Besuch in meiner Geburtsstadt trotzdem – wenn auch auf ganz andere Art und Weise als für meine Eltern. Für mich war es eine Reise zurück in die frühe Kindheit – in Erinnerungen, die in den Jahrzehnten seither fremder, unwahrscheinlicher und phantastischer geworden waren. Nie waren sie durch Gespräche bestätigt worden, wie sie etwa an Familienkaffeetafeln stattfinden, wo Eltern und Verwandte versammelt sind und wo dann Sätze fallen wie: *«Erinnerst du dich, als…»*

Eingezwängt saß ich im engen Sitz eines Jumbos, meinen Blick auf an der Decke montierte Monitore fixiert, auf denen die Flugroute graphisch dargestellt wurde. Es war ein sehr merkwürdiges Gefühl, auf diesen Monitoren zu sehen, wie das Flugzeug über Berlin, das Baltikum, Moskau und quer über Sibirien flog, in knapp 10000 Metern Höhe entlang der elterlichen Fluchtroute, die ich nun, anders als ursprünglich geplant, nachreiste.

Mich erfüllte ein Gefühl von Stolz. Ich hatte es geschafft. Mein Vater Hans würde sich gefreut haben, daß ich unserer gemeinsamen Geschichte, seiner und Estis Flucht aus Europa und meiner Geburt in dieser Stadt, nachging.

Hinter Irkutsk, einem der Orte entlang der transsibirischen Strecke, bog das Flugzeug im rechten Winkel nach Süden ab, um nach Zwischenlandung in Peking nach Shanghai weiterzufliegen. Dort landeten der Filmemacher Dietrich Schubert und ich: Er auf der Suche nach Motiven und Drehorten für seinen Film über mich, ich auf der Suche nach meiner Erinnerung.

Am 5. Dezember 1946, als viereinhalbjähriges Kind, habe ich diese Stadt zusammen mit meiner Mutter verlassen. An jenem Tag machte ich meine erste Bekanntschaft mit Schiffen. Das Schiff, mit dem wir damals Shanghai verließen, war keine Fähre wie die *Neptunia*, die *Paloma* oder die *Sea Wave*. Es war ein kleines Schiff mit dem Namen *Smolny*, und es brachte uns von Shanghai nach Wladiwostok. Wir waren auf dem Weg nach Prag, mit unserer Geschichte zu Großmutter Anna mit ihrer Geschichte. Seit diesem Tag, denke ich, bin ich unterwegs und auf Reisen. Seitdem habe ich mich nur schwer und zunehmend weniger an meine frühe Geschichte erinnern können.

An den Hafen von Shanghai aber konnte ich mich stets erinnern, besonders an die Lagerhallen im Hafengelände. Dort wurden nach der Befreiung Hilfspakete vom Joint, einer amerikanisch-jüdischen Hilfsorganisation, an die Flüchtlinge ausgegeben. Ich, der über fünfzig Jahre alte Mann, sehe jetzt den vier Jahre alten Jungen wieder, sehe ihn auf einem dieser

Pakete sitzen, während die Mutter im Gewühl der Menschen verschwindet, um noch etwas zu erledigen oder vielleicht noch in einer anderen Schlange anzustehen. Wenn sie zurückkommt, wird das Paket weg sein.

Der Koffer des Mannes wird nicht verschwinden. Gott sei Dank? Leider?

Der Mann entnimmt seiner Brusttasche das Foto eines jungen Soldaten der deutschen Wehrmacht. Der Mann betrachtet das Foto, öffnet den Koffer, zögert.

Der Junge lächelt zu dem Mann hinüber. Der macht einen Schritt auf ihn zu. Er will ihm etwas sagen, dem Kind, das weinen wird, wenn es den Verlust des Paketes bemerkt: Daß man leider oft die Dinge verliert, die man unbedingt behalten will, und daß einem Dinge zufallen, die man lieber nicht hätte – Fotos zum Beispiel. Der Mann stellt seinen Koffer neben sich und den Jungen. Inzwischen ist darin herumgekramt worden. Wann immer der Mann den Koffer öffnet, hat er seine Erinnerungen in die Hand genommen.

Die Buddhastatue zum Beispiel. *Der Weg ist das Ziel*, hat das nicht Buddha gesagt? Das war, scheint dem Mann, ein schrecklicher Satz für jene, die ihren Weg nicht selbst bestimmen durften. Sollte man diesem Buddha glauben, den sie hier so verehrten, diese so anders aussehenden Menschen um ihn herum mit ihren Rikschas und Bastkörben?

Auch die grünen Damenschuhe sind ihren Weg gegangen. Inzwischen sind sie an der Promenade an der Tepla herumspaziert, dort, wo sie einst, vor über sechzig Jahren, getragen wurden. Wir sind noch da, haben die Schuhe gesagt. Die sie getragen hat, die Frau, die in ihnen Fersengeld geben mußte bis nach Shanghai, ist nicht mehr da. Aber ihre Schuhe werden noch und wieder getragen. Ein kleiner Sieg, nicht wahr?

Ja, die Dinge haben ihre Sprache. Wir leben, sagt der Mann, in Deutschland im Land der verschlossenen Koffer. Ich jedenfalls habe den meinen geöffnet, habe die Dinge zu mir sprechen lassen.

Der Mann legt das Foto in den Koffer. Dann schließt er den Deckel. Gott sei Dank? Leider? Der Mann entnimmt seiner Brusttasche ein Foto: es zeigt einen jungen Soldaten der deutschen Wehrmacht. Der Mann betrachtet das Foto. Er öffnet den Koffer. Legt er das Foto hinein? Er zögert.

Der kleine Junge lächelt zu dem Mann hinüber. Wenn sie miteinander sprechen könnten, die beiden, würde der Mann dem Kind, das weinen wird, wenn es den Verlust des Paketes bemerkt, sagen, daß man leider oft die Dinge verliert, die man unbedingt behalten will, und daß einem Dinge zufallen, die man lieber nicht hätte – Fotos zum Beispiel. Der Mann legt das Foto in den Koffer. Dann schließt er den Deckel.

Wir waren auf strenge Paß- und Zollkontrollen vorbereitet. Einen Hauch von DDR erwartend, gingen wir mehrmals durch die Zollbarriere, und nachdem wir am Ausgang den uns erwartenden Dolmetscher vom staatlichen Reisebüro gefunden hatten, mit ihm wieder in den Zollbereich zurück, um zu klären, ob wir unsere Kameras anmelden mußten. Mit nachsichtiger Lässigkeit winkten die Zöllner ab:

For personal use?

Yes.

OK,

und wandten sich wieder ihren Gesprächen zu. Als sei freier Personen- und Warenverkehr, wie wir ihn aus Europa kennen, auch am Flughafen in Shanghai eine Selbstverständlichkeit. Schon die Paßkontrolle in Peking war unkompliziert gewesen. Keine Fragen, nicht einmal eine aufmerksame Gesichtskontrolle, wie ich sie von Beamten des Bundesgrenzschutzes bei der Rückreise aus dem nichteuropäischen Ausland gewöhnt bin. Ein gelangweilter Blick, ein Stempel, der nächste bitte.

Zu einem Zeitpunkt, als die Welt den aus dem Herrschaftsbereich der deutschen Nazis fliehenden Juden alle Tore verschloß, als 900 Passagiere des Schiffes *St. Louis* vor Kuba gezwungen wurden, nach Deutschland zurückzukehren, als die Alliierten Konferenzen in Evian und auf den Bermudas abhielten, um das Schicksal der Flüchtlinge in der Welt zu beraten – um dann, nach einem luxuriösen Aufenthalt, der Welt klarzumachen, daß ihnen am Schicksal der Juden in Europa auch nicht das geringste gelegen war –, haben etliche tausend Juden aus eigener Initiative den Weg nach Shanghai gefunden. Die Erfahrung des Zusammenbruchs von erklärten Werten wäre wohl das Thema des Buches von Hans, meinem Vater, gewesen. Er war sich des Charakters seiner Reise, bei allem Humor, den er offensichtlich nicht verloren hatte, bewußt, denn er stellte in seinem Brief aus dem Jahr 1940 an seinen Freund Herbert klar:

Übrigens habe ich seitdem aus Tokyo gehört, daß dort noch eine Reihe von Flüchtlingen aus Stockholm angekommen sind, die alle in Wladiwostok keine Schwierigkeit mehr hatten, sondern einfach meine Erklärung zur Kopie vorgelegt bekamen. Wodurch der Name Finkelgrün noch einmal berühmt und bekannt werden wird...

Glücklicherweise waren sich alle einig, daß man für Shanghai kein besonderes Visum oder Permit brauche.

Diese Tatsache war für Tausende von Juden in den verschiedenen europäischen Ländern, die, vor ihren nazistischen Häschern fliehend, von einem Konsulat zum anderen rannten, um eines der unentbehrlichen Visa zu erhalten, ein *Sesam-öffne-dich* für ein von deutschen Braunhemden und Schwarzuniformierten nicht beherrschtes Gebiet, das mit ein wenig Glück und unter Zuhilfenahme einiger Phantasie sogar irgendwie auf dem Weg in die USA lag. Die wenigsten kümmerte es, wie es denn angehen konnte, daß, wenn alle anderen ihre Tore verschlossen, diese ferne Stadt Shanghai bereit war, alle, die da mühselig und beladen waren, hereinzulassen. Eine Zuflucht für all jene zu werden, denen es gelang, statt die Züge in die Gettos und Konzentrationslager zu besteigen, einen anderen Weg einzuschlagen. Sie ahnten nicht, daß sie selbst dort schließlich in ein Getto gepfercht würden.

Der Begriff Getto wird in Verbindung gebracht mit Theresienstadt, Warschau, Lodz und anderen Städten in Osteuropa, wo die deutschen Besatzer die jüdische Bevölkerung in bestimmten Stadtteilen konzentrierten, ehe sie damit begannen, sie nach und nach in die Vernichtungslager zu transportieren, oder sie, wie es in der euphemistischen Sprache der Bürokraten hieß: *«umzusiedeln»*. Getto Theresienstadt, Warschauer Getto, KZ Auschwitz und so weiter und so fort, das kennt man. Davon hat man gehört. Aber ein Getto in Shanghai? Dort, am anderen Ende der Welt? Ein Ort, zu dem einem vielleicht noch Marco Polo einfällt oder die Erfindung des Porzellans oder, für die Neuzeit, der Vorsitzende Mao und die Masse von Fahrrädern. Dort soll es ein Getto gegeben haben?

Es war da. Es hat in Shanghai ein Getto für Juden gegeben – und zwar vom 18. Februar 1943 bis zum Kriegsende, also bis zur Befreiung Shanghais durch die Amerikaner und dem Rückzug der Japaner aus dieser Stadt am 3. September 1945.

Am 18. Februar 1943 verkündeten die Japaner die Einrichtung eines Gettos für die jüdischen Flüchtlinge im Hongkou-Bezirk. Der englische Text dieser japanischen Verordnung sprach von der Einrichtung einer *Designated Area for Stateless Refugees*, also einem zugewiesenen Raum für staatenlose Ausländer. Zu jener Zeit waren in Shanghai hauptsächlich die vor den Nazis aus Europa geflohenen Juden *staatenlose Ausländer.*

Die Bezeichnung Getto für diesen Bezirk war gewiß ein Euphemismus, aber ich denke, daß sich dahinter noch ein weiterer Sinn verbirgt. Ich bin kein Historiker und habe die einschlägigen Archive nicht durchstöbert, aber mir wurde erzählt, es habe eine Korrespondenz zwischen dem Auswärtigen Amt des Dritten Reichs und dem japanischen Auswärtigen Amt gegeben, in der die Nationalsozialisten ihre Verbündeten bedrängten, für die aus Europa geflohenen Juden ein Getto einzurichten. Begründet wurde dieses Drängen mit demselben nationalsozialistischen Rassismus, wie er in Deutschland und den von ihm besetzten Gebieten praktiziert wurde. Die japanische Seite reagierte eine Zeitlang eher zurückhaltend auf dieses Drängen ihrer Verbündeten, nicht weil die Japaner keine Rassisten gewesen wären, nur verstanden sie den deutschen Rassismus nicht. Ihr Rassismus orientierte sich an anderen Kriterien.

Josef Meisinger, den der deutschen Botschaft in Tokio vom Reichssicherheitshauptamt beigeordneten Polizeiattaché, konnten die Japaner nicht verstehen. Dieser bullige Mann, der bereits mit dem Spitznamen *Schlächter von Warschau* im Fernen Osten ankam, tauchte mit einem Unterseeboot in Shanghai auf, um dort, vom deutschen Generalkonsulat aus, die japanischen Partner zu einer *Endlösung des Problems der jüdischen Flüchtlinge in Shanghai* zu bewegen.

In Shanghai lebten etwa zweitausendfünfhundert *arische Deutsche* als Teil der Deutschen Gemeinde. Die Zahl der vor Deutschland nach Shanghai geflohenen Juden betrug etwa das Zehnfache. Den japanischen Militärs und diversen Polizeikommandanten machte Josef Meisinger Vorschläge, wie dieses Problem gehandhabt werden sollte. Die Juden könnten bei auf jeden Fall unzureichenden Hungerrationen zu Zwangsarbeiten herangezogen werden. Das würde ihre Zahl bereits beträchtlich dezimieren. Man könne auch die überlebenden Juden unter einem Vorwand auf ein manövrier- und bewegungsunfähiges Schiff verfrachten, es auf hohe See schleppen und dort verlassen oder versenken. Noch einen weiteren Vorschlag hatte der Herr Polizeiattaché zu machen: Auf der Halbinsel Potong könne man mit deutscher Unterstützung eine sogenannte Gaskammer bauen. Für welchen Plan man sich auch entscheide, man müsse nur sichergehen, daß man aller Juden in Shanghai habhaft werde. Das könne man am besten anläßlich von Rosh Hashana, dem jüdischen Neujahrsfest. Dann seien die jüdischen Familien beisammen, dann ließe sich ein derartiges Vorhaben am besten in die Tat umsetzen.

Die Japaner, die der amtliche Vertreter Deutschlands, Josef Meisinger, von der Notwendigkeit der Endlösung der Judenfrage zu überzeugen versuchte, hatten den spezifischen Rassismus der Deutschen bereits kennengelernt. In der doch vergleichsweise kleinen deutschen Gemeinde in Shanghai hatte der Nationalsozialismus bereits früh Fuß gefaßt. Ende 1933 waren bereits über 600 der in China lebenden Deutschen Mitglieder der NSDAP-AO. Es gab einen Gauleiter, es gab die HJ, es gab eine Zeitung mit Hakenkreuz namens *Ostasiatischer Beobachter*, und seit dem Eintreffen der jüdischen Flüchtlinge aus Deutschland gab es eine massive antisemitische Propaganda, die an die Adresse der Chinesen und Japaner gerichtet war.

Diese Geschichte hat mir Pan Guang erzählt. Er ist Professor für Geschichte und Politische Wissenschaft, Direktor des *Zentrums für Jüdische Studien an der Shanghaier Akademie für Soziale Studien*. Was er mir erzählte, war mir nicht neu. Es ist von einer Reihe von Zeitzeugen berichtet worden. Einzelne Elemente finden sich in diversen persönlichen Erinnerungen, zum Beispiel im Bericht eines damaligen Vorstandsmitglieds der jüdischen Gemeinde in Shanghai und in Aussagen damaliger deutscher Amts- und Funktionsträger, wie einem ehemaligen deutschen Konsul. Ich bin kein Wissenschaftler. Was ich wissen und erfahren wollte, habe ich auf Grund eigener Initiative erfahren.

Ein halbes Jahrhundert nach dem Ende des Zweiten Weltkrieges haben es deutsche Wissenschaftler und Autoren nicht geschafft, sich mit einer der kuriosesten Leistungen deutscher Außenpolitik zu beschäftigen: Der Tatsache nämlich, daß es der deutschen Diplomatie gelungen war, während des Krieges dafür Sorge zu tragen, daß am anderen Ende der Welt, in der Stadt über dem Meer, wie die Übersetzung des Namens Shanghai lautet, ein Getto für Juden eingerichtet wurde.

Dabei gibt es in Deutschland sachkundige Autoren, den langjährigen Botschafter der Bundesrepublik in China, Erwin Wickert, zum Beispiel. Einen Mann, der seine Erlebnisse und sein reichhaltiges Wissen in mehreren Büchern veröffentlicht hat. In seinen Erinnerungen an das Shanghai jener Zeit stellte Erwin Wickert über die dorthin geflohenen Juden fest: *Verfolgt aber wurden sie nicht.*

Ein solcher Satz stempelt mich zum Lügner. Er suggeriert, daß meine Erinnerungen falsch seien. Das, was meine Eltern erlebt und erfahren haben, nachträglich mit einem knappen Satz als unwahr abzutun, ist nicht hinnehmbar.

Der junge Rundfunkattaché Erwin Wickert wurde vom deutschen Generalkonsulat in Shanghai zur Deutschen Botschaft in Tokio versetzt. Zu jener Zeit hatten die Japaner Shanghai besetzt. Der junge Aufsteiger kam im Auftrag des Außenministeriums, in dem Professor Franz Alfred Six vom Reichssicherheitshauptamt seit Sommer 1942 für die Ausbildung der angehenden Diplomaten zuständig war. Ab Sommer 1943 übernahm Six, der als Kommandeur der Einsatzgruppe B vor Moskau tätig war, die Leitung der Kulturpolitischen Abteilung des Außenministeriums, dessen Unterstaatssekretär Martin Luther am 20. Januar 1942 an der Wannseekonferenz teilgenommen hatte.

Die Vorschläge, die der Polizeiattaché Meisinger in Shanghai machte, klangen wie eine Umsetzung der Beschlüsse der Wannseekonferenz. Der draufgängerische Polizeiattaché hat sich eifrig bemüht, die Schritte auf dem Weg zur Vernichtung, die Entrechtung und die stets darauf folgende Gettoisierung, zu umgehen, sie sozusagen zu überspringen. Shanghai war weit weg. Dort sollte direkt mit der Vernichtung der vermeintlich in die Sicherheit geflohenen Juden begonnen werden. Der Wille zur Vernichtung war da. Was der später erfolgreiche Botschafter und Schriftsteller Wickert über seine China-Erfahrungen im Nationalsozalismus geschrieben hat, mag, bewußt oder unbewußt, Selbsttäuschung sein. Auf jeden Fall aber war es, bewußt oder unbewußt, eine Täuschung der Leser.

Am Vorabend eines Empfangs, den der Generalkonsul zu Ehren der israelischen Philharmonie gab, besuchte ich das neueröffnete israelische Generalkonsulat in Shanghai.

Unserem chinesischen Übersetzer, der außerordentlich behilflich war und bei der Suche nach Spuren des Gettos im Stadtteil Hongkou Eigeninitiative entwickelte, berichtete ich von diesem Besuch. Er entgegnete voller Begeisterung, daß es in China jetzt großes Interesse an Israel gebe, und erzählte von den Juden von Kaifeng, die erstmals im 15. Jahrhundert Erwähnung finden, eine Bevölkerungsgruppe, über deren Ursprünge gerätselt werden darf – schlitzäugige, gelbhäutige Juden, bei denen sich Talmudbücher und andere Elemente, die auf traditionelles Judentum hinweisen, gefunden haben –, und von denen es auch noch etliche Hundert geben soll. Gewissermaßen die 37. Auflage des verlorenen 13. Stammes.

Obwohl auch Kaifeng in der Zeit des Zweiten Weltkrieges von den Japanern besetzt war, wurden die Juden dort von den Besatzern nicht zur Gruppe der staatenlosen Ausländer gezählt wie die europäischen Juden. Für die Japaner waren diese chinesischen Juden wohl nur eine weitere Gruppe besetzter und beherrschter Chinesen, denen gegenüber sie ihre eigene Variante des Herrenmenschentums empfanden und praktizierten. Aber zu welchen Göttern diese besondere Gruppe betete, war ihnen ziemlich egal. Den jüdischen Flüchtlingen, die nach Shanghai kamen, war von diesen Juden nichts bekannt – und sie werden vermutlich andere Sorgen gehabt haben. Es gab aber unter den Flüchtlingen solche, denen bewußt war, wie richtig und nötig es sei, sich der Umwelt, in der man sich befand, bewußt zu werden. Zu diesen zählte auch ein Mann namens Julius Storfer, ein Flüchtling aus Wien, Schüler Freuds, Jurist wie mein Vater. Er gründete in Shanghai eine Zeitschrift mit dem Namen *Die Gelbe Post*. Als ich Material und Wissen über die Stadt und die Zeit suchte, in der ich geboren wurde, fand ich einige Kopien dieser Zeitschrift. Aus derartigen Dokumenten kann man nachträglich noch viel lernen. In den Kopien entdeckte ich etwas, das für mich von besonderer Aussagekraft über die Situation von Flüchtlingen, besonders derer aus Deutschland, in jener Zeit war – einen Nachruf auf Sigmund Freud, geschrieben von Arnold Zweig.

Arnold Zweig, der 1933 nach Palästina geflohen war, gab dort eine deutschsprachige Zeitschrift mit dem Titel *Der Orient* heraus. Genau wie eine andere deutschsprachige Zeitschrift, *Die Jüdische Weltrundschau* unter der Leitung von Dr. Robert Weltsch, mußte *Der Orient* sein Erscheinen einstellen. Deutsch war eine lingua non grata geworden. An Sigmund Freud, mit dem er Kontakt hielt, schrieb Arnold Zweig in einem Brief im Jahre 1936 über seine neue Heimat: *Kleine Verhältnisse, noch verkleinert durch den hebräischen Nationalismus der Hebräer, die keine andere Sprache öffentlich zum Druck lassen.*

Er hielt den Kontakt mit Freud bis zu dessen Tod im Londoner Exil im September 1939. Arnold Zweig, in Haifa lebend, schrieb einen Nachruf auf Freud in deutscher Sprache, den er nirgendwo anders veröffentlichen konnte als in Heft Nr. 7 der *Gelben Post* des Julius Storfer in Shanghai.

Die Gelbe Post war nicht die einzige deutschsprachige Publikation im Shanghai jener Zeit, die von jüdischen Flüchtlingen gegründet und herausgegeben wurde. In einer anderen Shanghaier Zeitung, dem *Acht-Uhr-Abendblatt*, erschien am 14. Februar 1941 ein Artikel mit der Schlagzeile *Nichtjüdische Emigranten*:

Diese Kreise setzen sich ... zusammen ... auch aus solchen Männern und Frauen, die, um das liebliche Wort zu gebrauchen, «Vollarier» sind, aber trotzdem auswanderten, weil sie unter dem Naziregime nicht leben konnten oder wollten. Das gilt besonders von jenen «arischen» Frauen, die ihre jüdischen Männer und die gemeinsamen Kinder nicht lassen wollten, sondern ihnen in die Fremde, die Verbannung gefolgt sind. Wenn einmal die Geschichte dieser Emigration geschrieben werden wird, dann gebührt den arischen Frauen ein eigenes Ruhmeskapitel. Unter ihnen sind viele, die beweisen, daß auch der mächtigste «Zug der Zeit» nur auf jene wirkt, die sich ihm unterwerfen.

Eine dieser Frauen war meine Mutter Esti.

Denn man muß sich einmal darüber klar werden, was alles diese Frauen bewußt aufgegeben haben, um ihren Männern zu folgen. Jeder denke an seine eigene Vergangenheit, an das, was er selbst verloren hat, weil er es aufgeben, weil er fortziehen mußte; das alles haben diese Frauen freiwillig aufgegeben, haben freiwillig auf das Leben in der gewohnten, oft heiß geliebten Heimat verzichtet, um ins Ungewisse hinauszugehen.

Ich versuche mir vorzustellen, wie sich meine Mutter nach dem Tode meines Vaters in den Straßen Shanghais gefühlt hat. Tausende Kilometer von Karlsbad. Weit weg von Prag. Von ihrer Mutter.

Meine Mutter ist nicht aus dem Getto weggezogen. Sie hätte es tun können. Das deutsche Generalkonsulat und die dort tätigen Beamten wären ihr gewiß behilflich gewesen. Jetzt war sie nicht mehr *jüdisch versippt.* Sie erhielt vom deutschen Generalkonsulat sogar eine kleine Unterstützung. Sie hätte aus dem Getto heraus- und in einen der bürgerlichen Stadtteile Shanghais ziehen können. Ihr Sohn aber, ich, galt den deutschen Beamten als *nicht arisch* und staatenlos. Meine Mutter blieb mit mir im Getto.

Ich frage mich, ob Esti je den Totenschein ihres Vaters zu Gesicht bekommen hat. Ich erinnere mich meiner Überraschung, als ich ihn nach Großmutters Tod in Lugano in der Hand hielt und die Namen der Eltern des Josef Bartl las: Anton Bartl und Therese Bartl, geborene *Herzl.* Meine Mutter wollte, daß ich nach Israel gehen und dort leben sollte. Ich erlaube mir die Spekulation, daß ich statt mit Großmutter mit meiner Mutter nach Israel gegangen wäre. In jedem Telefonbuch einer beliebigen israelischen Stadt taucht der Name Herzl mehrfach auf. Immer wieder schänden orthodoxe Vandalen das Grab des Mannes, dem Israel sich als Staat verdankt. Ein Name, scheint mir, begründet fragwürdige Zugehörigkeiten.

Sowenig wie die Zahl der Kaifeng-Juden genau bekannt ist, sowenig ist zuverlässig bekannt, wie viele Juden aus Europa seinerzeit in Shanghai Zuflucht gesucht haben. Die Zahlen schwanken zwischen siebzehn- und dreißigtausend. Von wo rühren die jeweiligen Zahlen? Wurden jene gezählt, die von den Japanern ausgegebene Fragebögen an *staatenlose Ausländer* ausgefüllt haben? Oder jene, die Zuwendungen örtlicher Hilfskomitees erhielten? Oder jene, die vom deutschen

Generalkonsulat erfaßt und als unter die Nürnberger Gesetze fallend aufgelistet wurden? Oder wurden nur jene gezählt, die von den orthodoxen Einrichtungen, die es auch in Shanghai gab, als halachische Juden anerkannt wurden?

Es gehört für mich zu einer der makabersten Absurditäten im Zusammenhang nicht nur mit dieser Zeit in Shanghai und der Shoa insgesamt und selbst der Zeit danach, daß diese Unterscheidungen eiskalt aufrechterhalten werden. Ich glaube, man braucht den schwarzen Humor eines George Tabori, um sich verschiedene Protagonisten im Disput über die Frage *«Wer ist Jude?»* auf dem Weg zur Gaskammer vorzustellen.

*

Das *Ocean Hotel* an der Dong Daming Lu, in dem Dietrich Schubert und ich in Shanghai untergebracht waren, liegt in dem Stadtbezirk, der im Februar 1943 zum Getto für staatenlose Ausländer, also für aus Europa geflohene Juden, erklärt worden war. Die Straßen in Hongkou, die früher englische Namen hatten, haben heute chinesische Namen. Ich nahm den neuen Stadtplan von Shanghai zur Hand, in dem die chinesischen Straßennamen in lateinischen Buchstaben eingetragen sind. Ich versuchte festzustellen, wo ich mich befand. Wo war die Straße, in der ich geboren wurde, wo war die Straße, in der ich mit meiner Mutter als Kleinkind gelebt hatte, wo war die Straße, in der mein Vater starb?

Aus Köln hatte ich die vergrößerte Kopie eines alten Shanghaier Stadtplans mitgebracht, in dem die Straßennamen aus der Zeit *vor der Befreiung*, wie auch die Chinesen sagen, eingetragen waren. Ich holte ihn hervor und vertiefte mich darin. Das Gestern und das Heute mußte ich wie Schablonen aufeinanderlegen. Beides war wirklich, und nur, wenn ich beides in die richtige Beziehung zueinander bringen konnte, würde ich mein Ziel finden. Dann würde ich die Orte finden, an denen der kleine Junge mit seiner Mutter gewesen war, als sie den Satz schrieb: *Ich komme mir hier in Shanghai wie verloren und vergessen vor.*

Absenderadresse dieses Briefes, den Esti nach der Befreiung aus Shanghai nach Palästina in den Kibbuz Kfar Hammakabi an ihre Schwägerin Dora geschickte hatte, war *Wayside Road 289, Haus 3.*

Ich stellte fest, daß die Straße rechts von unserem Hotel mit dem Namen Huo Shan Lu früher Wayside Road geheißen hatte. Aufspringen, aus dem Hotelzimmer, aus dem Hotel rennen, die Straße entlang, hin zu dem Haus, in dem ich mit meiner Mutter gelebt hatte. Ich war angekommen. Alles war wahr. Meine Erinnerung war wahr. Ich durfte ihr glauben.

Es war später Abend. Ich hatte verabredet, am nächsten Morgen mit dem Dolmetscher die *Wayside Road* und andere Straßen zu suchen, deren Namen ich aus den Briefen meiner Eltern kannte. Aber ich mußte jetzt gehen. Sofort. Ich fuhr mit dem Aufzug in die Lobby. Rasch ging ich an den freundlich lächelnden Hotelboys vorbei.

Good evening, sir.

Der letzte öffnete mir die Tür.

Taxi, sir?

Ich schüttelte den Kopf. Ich zwang mich langsam zu gehen. Eine Art Gegenbewegung zu meiner inneren Erregung. Ein exotischer Film lief dreidimensional vor mir ab. Der fremdsprachige Ablauf blieb unsynchronisiert. Ich betrat die Szene.

Trotz der späten Stunde war die Straße belebt. Große Restaurants mit greller Neonbeleuchtung und Imbißbuden mit zwei oder drei Tischen, kleine Garküchen auf dem Bürgersteig, in denen Suppen gekocht, Fische gebraten wurden, säumten den Weg. In den Friseurläden wurde noch Kundschaft bedient. Schuhläden waren geöffnet sowie zwei, drei Lebensmittelgeschäfte und sogar Textilläden. Unter den Laternen gegenüber dem Hotel ein halbes Dutzend Schuhputzer mit Schuhputzkästen. Einzelne Chinesen ließen ihre Schuhe auf Hochglanz bringen, aber das Hauptaugenmerk der Schuhputzer galt den Gästen des Hotels, die vereinzelt aus der Eingangshalle heraustraten. Die Verhandlungen gingen lautstark vonstatten. Zahlen wurden mit Fingern angezeigt. Zwischen Hoteleingang und Schuhputzern lungerten junge Männer. *You wan Schainese girl? Boy? Good Shanghai massage?* Lässig begaben sie sich in ihre Ausgangsstellung zurück.

Viele Menschen waren noch draußen, überraschend viele Kinder. Auch einzelne Uniformträger, die mit Einkaufstaschen und Tüten auf dem Heimweg zu sein schienen. Taxis und Busse hupten, denn die Leute gingen sowohl auf dem Bürgersteig als auch auf der Fahrbahn. Auch Privatautos versuchten ohne zu bremsen ihre Fahrt fortzusetzen. Dazwischen das Geklingel unzähliger Radfahrer. Trotzdem wirkte alles wie in ruhiger, gleichmäßiger Bewegung, ohne Aufregung. Ich trat nach links, nach rechts, um Fahrzeugen oder Fußgängern den Weg frei zu machen.

Ich war ich und doch mitten im Strom. Die *Huo Shan Lu* ist eine lange Straße, und langsam wurde sie ruhiger. Für mich wurde sie immer mehr zur *Wayside Road.* Die meisten Fahrzeuge bogen an einer Kreuzung ab. Menschen verschwanden nach und nach in Seitenstraßen, in kleine dunkle Gassen, in Hauseingänge. Immer weniger offene Geschäfte. Die Abstände zwischen den Straßenlaternen, deren Licht matter wurde, vergrößerten sich. Die Straße wurde zusehends dunkler.

Nur wenige Minuten Fußweg entfernt befand sich das ehemalige Krankenhaus. In ihm bin ich geboren, in ihm ist mein Vater ein Jahr später gestorben. Sein Grab auf dem ehemaligen jüdischen Friedhof an der früheren Point Road würde ich nicht mehr finden. Die vier jüdischen Friedhöfe des ehemaligen Gettos sind zerstört. Ich würde keinen Stein auf sein Grab legen können. Aber wo der Friedhof gewesen war, würde ich einen Stein aufheben und mitnehmen.

Meine Aufmerksamkeit wandte sich den Hausnummern zu. Nummer 289. Meine Erregung wuchs. 283... 285... 287... Gleich. Da ...289!!! Es gab sie tatsächlich. Die *Wayside Road 289*! Ich blieb stehen und holte Luft. Wo war das Haus Nr. 3? Ich blickte in ein dunkles Loch, eine schmale tiefschwarze Gasse, direkt in eine andere Zeit. Am Boden des Brunnens sprudelte die Quelle.

Noch bin ich nicht im Haus, aber trotz der Dunkelheit um mich herum ist dieses von oben kommende, merkwürdig gebrochene Licht in meinen Augen, das sich vom Dach über die Treppe ergießt, direkt in meine Erinnerung. Es erhellt den einzigen Augenblick eines uneingeschränkten kindlichen Glücks und vollkommener Angstfreiheit.

Ich bin etwa drei Jahre alt. Ich bin in dem Zimmer, in dem ich mit meiner Mutter lebe – so wie ich Jahre später mit Großmutter Anna in einem Zimmer leben werde. Meine Mutter ruft. Ich öffne die Tür und sehe die Treppe zum Dach. Sie ist vom Tageslicht erhellt. Die Tür zum Dach ist offen. Esti ruft, ich soll zu ihr kommen. Die Sonne scheint. Es ist warm, aber es beginnt zu regnen. Esti sagt, jetzt können wir duschen. Ich verstehe nicht, was sie meint. Wir haben kein Bad. Nur unser kleines dunkles Zimmer. Esti beginnt sich auf dem Dach auszuziehen und sagt mir, ich solle mich auch ausziehen. Dann stehen wir beide nackt da. Ich spüre, wie die Regentropfen auf meine Haut fallen, an meinem Körper herunterlaufen. Auch Estis Körper glänzt vom Naß des Regens. Sie verreibt die Regentropfen auf dem Körper und tut das gleiche bei mir. Ich spüre ein Wohlgefühl auf der Haut und eine Freude, weil Esti lacht. Wir hüpfen beide auf dem Dach. Wir sind ganz allein. Ich höre nichts anderes als den

Regen, das Lachen von meiner Mutter und sehe ihren Körper und wie sie plötzlich ein Stück Seife in der Hand hat und meinen Körper einreibt. Esti, meine Mutter, ist guter Laune, und ich bin glücklich, mit ihr ganz allein zu sein.

Zu den Abbildungen

Bei der Abbildung auf Seite 206 handelt es sich um die Schlußeinstellung des Films «Unterwegs als sicherer Ort» von Dietrich Schubert.
Alle anderen Fotografien sind aus dem Privatarchiv von Peter Finkelgruen.